エラーに学ぶ
Excel VBA
基本と応用

岩田安雄●著

カットシステム

はじめに

　多くの Excel ユーザーがマクロ活用を渇望し、多くのマクロ（Excel VBA）入門書が書店の書棚にあふれているにもかかわらず、多くのユーザーが「活かしたいけど活かせない」という状況に留まっていることに変りはないようです。そこにはさまざまな壁が横たわっています。たとえば

● できるだけ専門用語を用いずに平易にマクロを作る

というアプローチでは、簡単なマクロは作れたとしても、実務で役立つようなマクロは作れないという壁があるのも事実です。ならば

● 本格的にフルスペックの VBA を基本からマスターする

というアプローチでは、時間がいくらあっても足りないという壁に直面します。

　本書はこの 2 つの壁を何とか克服したいという願いを込めて書きました。そのために、本書は 2 部構成となっています。

　第 1 部の入門編では、マクロは必ずしも難しくないということを実感していただきます。ために極力、専門用語は使わずに平易にマクロを作ることを目指し、それでも、かなりなマクロが開発できることを体験していただきます。ここでは最大の障壁、意味不明なメッセージに悩まされることのないように、どんなときに、どんなエラーが検出されるのか、その因果関係を事前に整理することによって克服します。

　第 2 部の応用編では、入門編の勢いを借りて、実務に役立つ本格的なマクロ開発に挑戦します。それは専門的なマクロ開発で、作ったマクロを他の人が使うといった場面でも、使い手に優しい、ユーザーフレンドリーなマクロを目指します。そのために

● 誤操作したくても誤操作のしようが無い
● データに多少の誤りがあってもストップしない。再試行できる
● 使い手の負担を減らし、迷わずに操作できる

など、使い手の使い易さを優先させることになります。つまり実務で使えるマクロとは作り手の負担よりも使い手の負担を抑えるユーザーフレンドリーなマクロで、そうしたマクロを開発する

ためには、ある程度の作り手の負担が求められるというわけです。それを第1部の入門編の勢い
を足掛かりに乗り越えようとするものです。

　つまり、本書はマクロに潜む最初の壁をできるだけ取り除き、平易なマクロ作りから出発しま
すが、そこに留まるのではなく、その突破口を足掛かりに、さらに現実的な課題解決のための本
格的なマクロ開発へと導きます。

　そのために、マクロに潜むエラーを徹底的に解説します。そうしたエラーに触れることで、エ
ラーへの対処法を身に着け、「もう、いい！」と投げ出さずに粘り強く立ち向かう耐性を養うこと
が、マクロを有効なツールとして活用する道につながります。

　また、最初からマクロの完成形を目指すのではなく、必要に応じて機能を追加しながら育てる
生き物として、まずは着手することを目指します。

第1部 ■ 入門編

第1章

ようこそマクロの世界へ

まずは、

- マクロとはどんなものか
- どのように実行されるのか

など、マクロに関する素朴な疑問を解消するために、簡単な例題を通してマクロの概要を明らかにしてみましょう。そこには、表計算ソフトとはまったく別な世界が広がっています。

1.1 そのための準備

1.1.1 マクロの背景

(1) VBA

マクロとは何か？という質問に一言で応えるとすれば、それは VBA というプログラミング言語でプログラムされたコンピュータプログラムといえます。

VBA とは Visual Basic for application の略で、Basic というプログラミング言語をルーツとしています。Basic は 1975 年に開発され、他の言語のようなコンパイラ方式ではなく、インタープリタ方式の画期的なプログラミング言語として入門者の支持を獲得しました。

インタープリタ方式とは、インタープリタ（通訳プログラム）によってソースプログラムを解

釈しながら実行する方式で、コンパイラ方式のように機械語プログラムを残さない革新的な方式でした。

この Basic が、マウスの実用化に伴って Windows 用の GUI アプリケーションソフトを開発するための Visual Basic へと発展しました。

さらに 1993 年、Visual Basic に Excel などの Application 機能が追加された VBA（Visual Basic For Application）が Office のマクロ言語としてリリースされ、Excel のみならず、Word や Access など Office 製品の共通マクロ言語として採用されました。

つまり、Excel のマクロとはいえ、Visual Basic という汎用的なプログラミング言語に、Application（Excel とのインターフェイス）機能を追加した本格的なプログラミング言語で開発する本格的なプログラムといえましょう。

(2) VBE

一般的なプログラミングにはテキストエディタが利用されますが、VBA では専用のテキストエディタを用います。それが **VBE**、Visual Basic Editor の略で、マクロを開発するため専用エディタとして以下の機能を持っています。

- 単に VBA 命令の入力や編集だけでなく、自動整形や構文チェック、自動メンバー表示などの機能が付加された専用エディタ
- VBA 命令を解釈、実行するインタープリタ
- VBA 命令のデバッグを支援するデバッガ

いわゆるメモ帳のような単なるテキストエディタとは大きく異なるマクロ開発のための統合プラットフォームといえます。

1.1.2 マクロのためのオプション設定

(1) セキュリティーレベル

表計算ソフトのマクロの形態をとるコンピュータウィルスの侵入を食い止める水際対策として、マクロを無効にすることも可能です。しかし、これでは健全なマクロも利用できないことになってしまうため、本書では、マクロを含む Excel ブックを読み込んだとき、以下のような警告メッセージを表示し、その都度マクロの有効可否を利用者に判断してもらうというセキュリティーレベルを推奨しています。

　このような、マクロの取扱いを Excel のセキュリティーレベルとして設定するオプションが用意されています（→ 1.6.1 節）。

(2) 開発タブ

　さらに、マクロを扱う VBE を起動するためには Excel のリボンに「開発」タブを追加する必要があります（→ 1.6.2 節）。

1.2 BMI の計算

　前置きはそのくらいにして、さっそく表計算ソフトのマクロ例を見てみましょう。

1.2.1 BMI マクロの実行

　「サンプル」フォルダにある Smp101BMI 計算 .xlsm を読み込むと、このブックはマクロを含んでいるので、以下のような警告メッセージが表示されることがあります。この場合には、「コンテンツの有効化」ボタンをクリックして、マクロを使えるようにします。

このブックの Sheet1 は以下のようになっています。

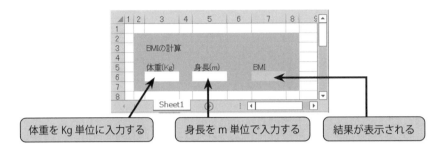

ここでは、体重（Kg）、身長（m）を入力し、BMI を計算します。これは Body Mass Index の略で、体重と身長のバランスをチェックして太り過ぎや、逆に痩せ過ぎを判定する指標として用いられています。

このマクロを実行させるためには、体重、身長のセルにデータを入力してから、**開発タブ→コード：マクロ**を選択します。

すると以下のダイアログボックスが表示されます。以降、これを**マクロ一覧**といいます。ここでは「計算」が選択されていることを確認し、実行ボタンをクリックします。

　たとえば、体重を 67Kg、身長を 1.78m として計算すると、以下のように 21.15 という結果が表示されます。

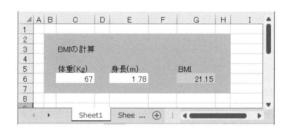

1.2.2　BMI マクロの正体

（1）VBE の起動

　マクロがどのように作られているのか調べるためには、**開発タブ→コード：Visual Basic** をクリックします。

すると現れる画面が VBE（Visual Basic Editor）です。

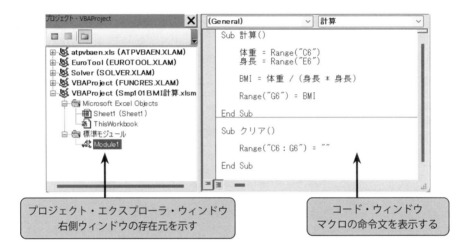

プロジェクト・エクスプローラ・ウィンドウ
右側ウィンドウの存在元を示す

コード・ウィンドウ
マクロの命令文を表示する

　画面の右側が**コード・ウィンドウ**で、マクロの命令文が表示されます。その左側を**プロジェクト・エクスプローラ・ウィンドウ**といい、コードウィンドウの所在を示しています。つまり、マクロは Sheet1 などの通常のワークシートとは別に、**標準モジュール**の Module1 に格納されていることを示しています。つまり標準モジュールとは、マクロの Sub プロシージャを格納しておく場所です。

(2) VBE の終了

なお、この VBE 画面から元のワークシートに戻るためには、VBE メニューの**ファイル→終了して Microsoft Excel へ戻る**を選択するか、または［Alt］＋［Q］キーを押します。

手っ取り早く、VBE のクローズボタンでも、元のワークシートに戻ることができます。

(3) 標準モジュールの構成

標準モジュールの Module1 に格納されているマクロ本体について見てみましょう。

① Sub プロシージャ

VBE 画面のコードウィンドウにある Sub から End Sub に囲まれた命令文の集まりを **Sub プロシージャ**といい、マクロを実行する単位となります。

```
Sub  プロシージャ名 ()


End  Sub
```

ここで、Sub、End を予約語といい、他の意味に用いることはできません。

　また、**プロシージャ名**は実行単位としてのマクロ名で、以下の**命名規則**に従って自由につけることができます。

命名規則
- 半角文字（英数字）、全角文字（漢字、ひらがな、カタカナ）、記号（「_」：アンダーバー）
- 先頭文字に数字、「_」は使えない。
- 長さは半角 255 文字（全角 127 文字）以下でなければならない
- VBA の予約語は使えない

　プロシージャ名に予約語を使うとエラーとして検出されるので、すぐに対応できます。長さも短ければ短いほど便利ですからあまり気にならないでしょう。気になるとすれば、「-」（ハイフン）、「.」（ドット）、「@」（アットマーク）、「　」（スペース）などの記号が使えない点です。
　なお、本書ではすべての Sub プロシージャ名に全角文字（日本語）を使用しています。
　また、プロシージャ名に続くカッコの中の使い方については後述しますので、プロシージャ名にはカッコが続くものとしておいてください。
　したがって、このブックには先のマクロ一覧で確認したように、

- 計算
- クリア

という 2 つの Sub プロシージャ、実行可能なマクロが含まれていることになります。

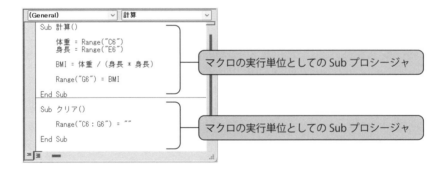

②ワークシートのセル

マクロでは、ワークシートのセルを **Range** という予約語で表します。

Range(セル番地)

例：Range("C6")……6 行目 3 列目の単独セル

　　Range("C6:G6")……C6 から G6 までのセル範囲

　Range に続くカッコの中を引数といい、セル番地を指定します。ここでは A1 形式（→ 1.6.3 節）のセル番地を「"」（ダブルクォーテーション）で囲み、単独のセルや「:」（コロン）で結んだセル範囲を指定します。

③変数

　マクロではワークシートのセルとは別に、変数を使うことができます。**変数**とはデータを格納するための器のようなもので、セルのような番地ではなく、名前で他と区別します。この名前を**変数名**といい、先の命名規則に基づいて自由に命名することができます。このマクロで使用する以下の 3 つの変数のように、本書においては変数名にも日本語を使用しています。

変数名	用途
体重	体重を Kg で格納する
身長	身長を m で格納する
BMI	計算結果を格納する

④代入文

　この Sub プロシージャに限らず、マクロの命令文の多くは、この代入文によって構成されます。

　左辺 = 右辺

　代入文とは、右辺の内容を左辺に代入する、内容を書き換えるという命令で、左辺はそれまでに持っていた内容を失うことになります。したがって、

　体重 = Range("C6")

という代入文は、「体重」という変数に、セル C6 の内容（先の画面例では 67）を代入することになります。また同様に、

```
身長 = Range("E6")
```

では、E6 セルの内容（1.78）を変数「身長」に取り出します。

⑤算術式

さらに、代入文の右辺では以下のような算術演算子による算術演算をすることができます。

これらの演算は基本的に左から右に計算します。なお、「/」は割り算、「*」は掛け算を示し、

```
BMI = 体重 / (身長 * 身長)
```

では、先にカッコの中を計算するので、

```
BMI = 67 / (1.78 * 1.78)
    = 67 / 3.1687
    = 21.1463199…
```

という計算をすることになります。

最後に、

```
Range("G6") = BMI
```

によっては、計算結果を G6 セルに上書きします。このセルには、21.1463199…という小数が代入されますが、これほどの小数点以下を表示する意味はありませんので、ここでは小数点以下第2位まで表示するようセルの書式設定しています。その結果、21.15 というように、小数点以下第3位（8）を四捨五入するという、丸め処理が行われています。

以上の処理内容を図にすると以下の通りです。

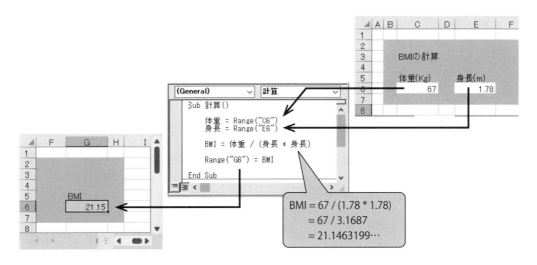

1.3 料金計算

　もう一つ計算例を見てみましょう。電力業界も自由化でさまざまな企業が参入し、電気料金の計算方法もまちまちですが、ここでは一定の基本量を超えた分に応じた超過料を加算する最低料金制の計算をみてみましょう。ただし、厳密には、燃料調整費、再生エネルギー賦課金、各種割引などの調整が行われているようですが、ここでは単純化した基本部分を計算します。

1.3.1 料金計算マクロの実行

　つづいて、「サンプル」フォルダから Smp102 料金計算 .xlsm を見てみましょう。

このブックの Sheet1 では、電気使用量（Kwh）を入力して、マクロでその料金を計算します。

以下のように電力使用量が120Kwh以下であれば、基本料金だけで、超過料金は発生しません。

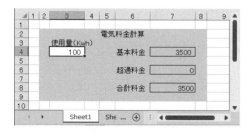

基本使用量（120Kwh）を超えると超えた分についての超過料金が加算されることになります。

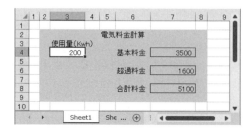

もう一つのマクロ「クリア」を実行すると、ワークシートを初期状態に戻します。

1.3.2 料金計算マクロの正体

では、このマクロがどのように作られているのか見てみましょう。VBEを起動するために、**開発タブ→コード：Visual Basic** または **開発タブ→コード：マクロ**で以下のマクロ一覧を表示し、「編集」ボタンをクリックします。

　VBE のコードウィンドウには、2 つの Sub プロシージャ、すなわち実行可能なマクロ（計算とクリア）があります。

(1)「計算」マクロの処理内容

　このマクロも、セルの入力データを「使用量」という変数に取り込み、計算するという点では前節の BMI マクロと同じ構造をしています。

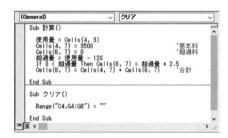

①セルの参照方法

　マクロで固有のセルを特定する方法には、前節で用いた Range の他に、次に示す **Cells** があります。

Cells(行 , 列)

例：Cells(2,3)……2 行目、3 列目の "C2" セルを特定する。

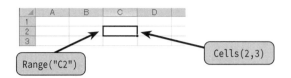

本書では原則として

● 単独セルを表す場合は Cells
● セル範囲（セルの集まり）を表す場合は Range

というように使い分けます。

　セルを表す方法に2つあるというのは混乱の元ではありますが、それぞれに一長一短があります。Cells を使う場面では、ワークシートの列表記はアルファベットよりも数字の方が便利です。

A → 1、B → 2、C → 3、……

というように、アルファベットを数字に置き換える必要がないためです。

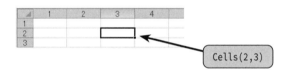

　なお、列表記をアルファベットから数字に切り替える方法については 1.6.3 節を参照してください。

②注釈

　Sub プロシージャには VBA の命令文を一行（ステートメント）に記述しますが、「'」（シングルクォーテーション）マーク以降に**注釈**を記述することができます。注釈とはメモのことで、実行されることはなく、何を書いてもエラーになることもありません。

　文の後に置くこともできますが、一行の先頭（一けた目）から、注釈にすることもできます。

③定数

　ワークシートのセル、変数の他に、マクロでは定数を使用します。定数とは内容を変更することのないデータで、以下の2つに大別されます。

数値　　3500（整数）、2.5（実数）のように、計算に用いることができる数値定数。
文字列　"C4" のように、「"」（ダブルクォーテーション）で囲んだ文字並びで、計算に用いることはできません。

　　　　なお、「""」は「何もない文字列」で、空欄、Empty 値を表します。

④一行 If 文

　ここでは、If 命令による判断を行っています。判断とは、たとえば

```
0 < 超過量
```

という条件が真（Yes、正しい、満足する）の場合に行う処理と、条件が偽（No、正しくない、満足しない）の場合に行う処理を振り分けることです。

```
超過量 = 使用量 - 120
If 0 < 超過量 Then 料金 = 料金 + 超過量 * 20
```

　ここでは、「超過量がゼロより大きい場合に、料金に超過料を加算」します。つまり、使用量から 120 を引いた残りに対して、超過料を加算することになります。

　これを流れ図にすると、以下の通りです。

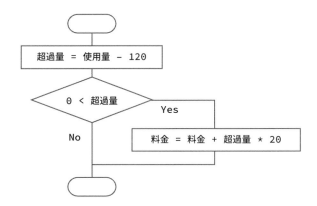

(2)「クリア」マクロの処理内容

```
Sub クリア()

    Range("C4,G4:G8") = ""

End Sub
```

セル指定に Cells ではなく Range を使うメリットに、

● セルの集まりとしてのセル範囲
● 離れたいくつかのセル範囲

をまとめて表現できる点が挙げられます。

ここでは、"C4" の単独セルと、"G4:G8" のセル範囲に「""」(何もない文字列)を代入することで、対象となるセルをクリアします。

1.4　マクロの作り方

では、これまでに見たようなマクロをどのように作るのか、その作り方を詳しくみて見ましょう。

1.4.1　ワークシートの作成

まず、はじめに、

● マクロでどんな処理をするのか、
● そのためにどんなデータが必要か、
● 結果をどのように出力、表示するか、

というマクロの概要を決めます。

そして、一般的なマクロではデータをワークシートのセルから入力し、結果をセルに表示するというように、マクロの入出力媒体としてワークシートを活用しますからワークシートをデザインします。

ここで大切なのは、塗りつぶしや見出しなどのデザインではなく、データを入出力するセル(白抜き)の位置を確定することです。それを拠り所にマクロ命令を記述するためです。

1.4.2　VBE の起動

　マクロは VBE を利用して作ります。そのために Excel リボンから**開発タブ→コード：Visual Basic** を選択して、VBE を起動します。**コード：Visual Basic** にマウスポインタを重ねると、[Alt]+[F11] キーによっても VBE が起動できることがガイダンスされています。こうしたショートカットは便利でもありますので、使いやすい操作に活用してください。

すると、以下のようなエディタ画面が現れます。

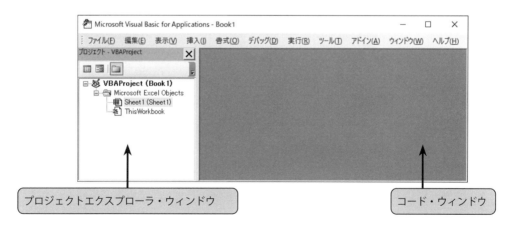

　もし、左側のプロジェクトエクスプローラ・ウィンドウが表示されていなければ、VBE メニュー

で**表示→プロジェクトエクスプローラ**を選択して、表示します。なお、

- Excel ワークシートを最大化する
- VBE の最大化をやめる

ことによって、以下のようにワークシートの前面に VBE を表示することができます。ワークシートのセル位置を確認しながらマクロを作るといった場面で便利です。

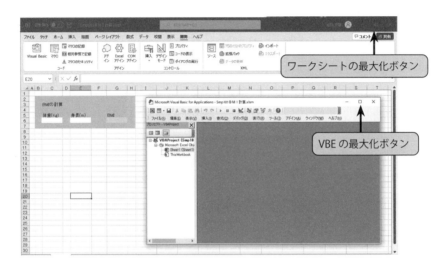

1.4.3 Sub プロシージャの作成

（1）標準モジュールの挿入

　マクロはワークシート（Sheet1、Sheet2、……）とは別に、標準モジュール（Module1、Module2、……）に格納します。そこで、まず最初に標準モジュールを挿入します。そのために、VBE のメニューで**挿入→標準モジュール**を選択します。

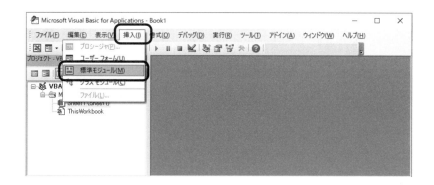

　すると、Module1 のコードウィンドウ画面となるので、この Module1 にマクロの実行単位となる Sub プロシージャを挿入します。

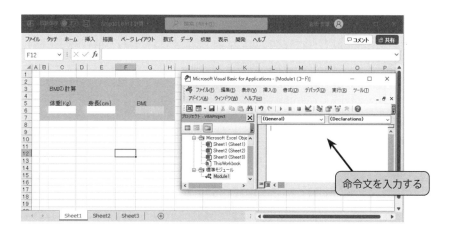

(2) Sub プロシージャの入力

　つづいて、「Sub　プロシージャ名」とタイプして［Enter］キーを入力すると、コードウィンドウに以下のような Sub プロシージャが作られます。

```
Sub プロシージャ名()

End Sub
```

　ここで、Sub のつづりに間違いが無ければ

- キーワードの先頭は大文字、以降は小文字に整形される
- Sub に対応した End Sub 命令が自動的に入力される

というように調整されます。これを VBE の**自動整形機能**といいます。

また、**プロシージャ名**は全角でも、予約語でなければ半角でもかまいません。

　これでマクロの実行単位、「計算」Sub プロシージャの枠組みは出来上がりましたので、以降、プロシージャとしての命令文を入力します。

(3) 注釈と注釈行

　注釈とは、「'」(シングルクォーテーションマーク) からその行末までのメモ書きです。命令として解釈されることはありません。注釈にはつぎの 2 つのパターンがあります。

　　注釈　　命令文の後ろ (右側) の余白にメモを残す注釈です。

性別 = 0.4235　　　'男性

　　注釈行　　行頭からその行全体を注釈とするものです。

'性別による調整

　どちらもマクロを解読する手がかりとして役に立ちます。自分自身で作ったマクロでも時間の経過とともに、あやふやになる処理手順を思い起こすためにも大いに有効活用したいものです。

(4) ワークシートのセル

　ワークシートのセルを示すには、以下の 2 つがあります。

① Range

　Range のスペルがあやふやな時は、「R」をタイプしてから [Ctrl] + [スペース] キーを押すと、R から始まる候補の一覧が表示されます。これは VBE の**自動メンバー表示機能**というオプション機能です。

このなかから該当する予約語を選択して、[Tab] キーを押すかまたはダブルクリックすることで「Range」を入力することができます。

② Cells

これも、「C」をタイプしてから [Ctrl] + [スペース] キーを押すと、C から始まる予約語が表示されます。

このなかから「Cells」を選択して、[Tab] キーを押すかまたは「Cells」をダブルクリックすることで「Cells」と入力することができます。

また、「Cells(」まで入力すると、Cells という予約語には RowIndex（行位置）と ColumnIndex（列位置）が必要だというガイダンスが出てきます。これを VBE の**自動クイックヒント機能**といいます。

(5) VBE の自動整形機能

命令文は予約語を含め半角文字で入力し、モジュール名や変数名などの日本語を入力する場合のみ全角入力に切り替えます。特に、イコール (=)、プラス (+)、マイナス (-)、カンマ (,)、

左右カッコ（()）、ダブルクォーテーションマーク（"）などの記号は必ず半角文字で入力します。これを VBE が正しく認識すれば、これらの前後に挿入すべきスペース（␣）を VBE が自動的に挿入してくれるためです。たとえば

```
BMI=体重/(身長*身長)
```

とタイプしても、コードウィンドウに入力されるのは

```
BMI = 体重 / (身長 * 身長)
```

というように補正してくれます。

(6) コピー＆ペースト

　なお、VBE のコードウィンドウにおいても、コピー＆ペーストは有効です。VBE の編集メニューでは面倒だという場合には、キーボードのショートカットキーが便利です。

①範囲の選択

　マウス操作では始点から終点までマウスでドラッグします。キーボード操作では［Shift］キーを押しながら矢印キーを押します。

②コピー

　VBE メニューの編集→コピーを選択するか、または［Ctrl］＋［C］キーを押します。

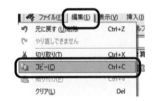

③ペースト

　カーソルをコピー先に移動してから、VBE メニューの**編集**→**貼り付け**を選択するか、または
［Ctrl］＋［V］キーを押します。

1.4.4　マクロ・ブックの保存

　以上でマクロはできました。さっそく実行したい処ですが、実行する前に作ったマクロを保存
します。

　ただし、通常の Excel ブックとして保存すると、以下のようなエラーとなって、保存することは
できません。

　そこで、ファイルの種別をマクロを含む**マクロ有効ブック**として保存します。

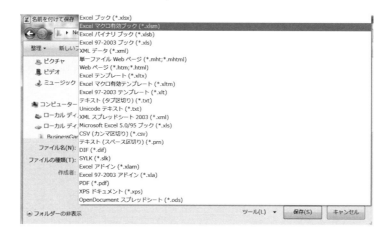

1.5 エラーとその対策

　せっかく作ったマクロでも、意図した結果を得るためには、エラーの無い状態にしなければなりません。そこで、マクロに潜むエラーとその対策について整理しておきましょう。実際にご自身でマクロを作ると、さまざまなエラーに遭遇します。いざエラーに直面した時、意味不明なエラーメッセージを前に、すべてを放り投げてしまう前に、「エラー」フォルダにある Erp101 エラー .xlsm についてマクロに潜むエラーを見ておくことにしましょう。

　一口にエラーといっても、大きく3つにわけることができます。

1.5.1 コンパイルエラー

　これはマクロの命令コードを解読する過程で発見されるエラーです。すなわち、マクロのルールに沿って命令が記述されていないために、どう解釈すればいいのか分からないという命令の形式的・構造的な記述エラーです。

　はじめにマクロ一覧から「コンパイルエラー1」を実行すると以下のエラーが検出されます。

End Sub の End にスペルミスがあり、Sub プロシージャが完結していないというエラーです。

また「コンパイルエラー2」を実行すると以下の通りです。

定義されていないというエラーメッセージですが、Cell にエラーがあることが示されています。つまり、Cell という語は予約語として存在しないため、これを Cells に修正すれば、このエラーは解消します。

1.5.2　実行時エラー

続いて、「実行時エラー1」を実行すると、以下のダイアログが表示されます。

そこで「デバッグ」ボタンをクリックすると、VBE に切り替わり、エラー箇所が黄色で強調表示され、代入文でエラーが検出されたことを示しています。

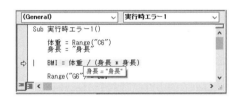

ここで、マウスポインタを変数名に重ねると、変数の内容が確認できます。これを VBE の**自動データヒント機能**といいます。ここでは、「身長」には数値ではなく、" 身長 " という文字列が格納されているので、これでは計算できないというわけです。

1.5.3　論理エラー

これは、コンパイルエラーや実行時エラーが無いのに、正しい結果が得られないという厄介なエラーで、その原因は結果から推し測らなければなりません。ちょうど、推理小説の犯人捜しのように、辛抱強く、根拠を見つけ出さなければなりません。しかし、心配は要りません。コンピュータは一瞬のうちに結果を出しますが、VBE にはその実行プロセスを追跡する機能が用意されています。さらに、中断した状態で、変数の内容を確認することができます。こうしたデバッグ機能を駆使しながら、論理エラーの原因探しに挑戦してみましょう。

（1）データ取得のミス

以下は「論理エラー1」マクロを実行した結果です。マクロは実行してはいるのですが、BMIがゼロというのはいかにも変です。

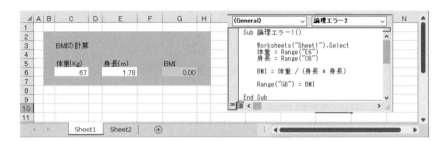

こうした論理エラーの原因を探索するためにVBEのステップ実行が便利です。これはコンピュータのスピードではなく、マクロの命令文を一行（1ステップ）ずつ実行させることができます。これを**ステップ実行**、またその止まっている状態を**中断モード**といい、以下の2つのルートがあります。

①マクロ一覧からステップ実行する

開発タブ→コード：マクロで表示されるマクロ一覧で、実行したいマクロを選択し、「ステップイン」ボタンをクリックして中断モードに入ります。

② VBE のデバッグメニューから中断モードに入る

VBEメニューの**デバッグ→ステップイン**を選択するか、またはそのショートカットである［F8］キーを押すことで、中断モードに移行します。

　どちらから中断モードに入っても、VBE のコードウィンドウでこれから実行する命令が黄色く強調表示されます。つまり、コンピュータがその命令をこれから実行する直前で中断させているわけです。

　以降、**デバッグ→ステップイン**を選択するか［F8］キーを押すたびに、黄色で示された命令が実行され、次に実行する命令に強調表示が移ります。

　マクロの中断モードでは、各時点での変数などの内容を確認することができます。
　次の図は、代入文を実行する直前で変数「体重」にマウスポインタを重ね、その値を確認している様子です。まだ代入が行われていない状態なので、変数「体重」は Empty 値となっています。Empty 値とは「まだ何も格納されていない」という状態を表す特殊な値です。

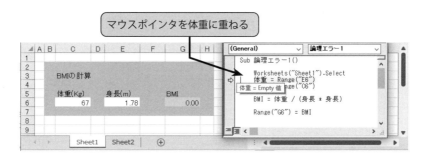

マウスポインタを体重に重ねる

では、1 ステップだけ進めて代入文を実行し、あらためて変数「体重」の値を確認してみましょう。すると、変数「体重」には 1.78 が格納されていることが確認できます。

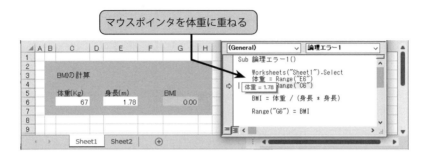

これは明らかに変です。つまり体重と身長のデータをワークシートから取得する際に逆転していることが確認できます。

(2) If 文の条件

以下は「論理エラー 2」の実行結果です。超過料金にマイナスが計上されている（値引きが行われる）点が問題です。

そこで、ステップ実行によって確認すると、If 文の条件が真の場合に実行される文が黄色で強調表示されます。つまり、基本使用量に満たない場合に超過料金を計算するため値引きが行われてしまうようです。

1.6 Excel のカスタマイズ

　ここではマクロに関する各種設定についてまとめます。お読みいただくというよりも本文のガイダンスに従って必要な部分を参照してください。さらに、Excelのバージョンによって操作が異なる場面では、ご使用のExcelに合わせて参照してください。

1.6.1 セキュリティーレベル

　これは、マクロを含むブックを読み込んだとき、マクロを無条件にブロックするのではなく、以下のメッセージを表示するというセキュリティーレベルです。

　もし、マクロをブロックするのであれば、このまま作業を開始します。この場合にはマクロは無効とされています。マクロを実行させる場合には、「コンテンツの有効化」ボタンをクリックすることでマクロを有効にします。

① Excel 2010 の場合

　ファイル→オプション→セキュリティセンター→セキュリティセンターの設定→メッセージバーで、メッセージバーを表示する方を選択します。

② Excel 2019、Excel 2021 の場合

ファイル→オプション→トラストセンター→トラストセンターの設定で、メッセージバーを表示する方を選択します。

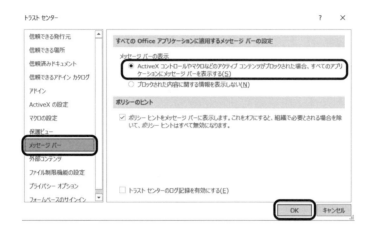

1.6.2 「開発」タブの追加

これはマクロを作る時に必要な VBE を呼び出す「開発」タブをリボンに追加する方法です。すでに開発タブが表示されている場合には必要ありません。

ファイル→オプション→リボンのユーザー設定で、メインタブの「開発」を選択します。

Excel 2010の画面

Excel 2019の画面

1.6.3　ワークシートの列表示

通常、ワークシートの列番地はアルファベットで表記されています。これを **A1 形式** といいます。

ただし、マクロで Cells を利用する場面では、列のアルファベットを数字で表した方が便利です。各セルを「A → 1」、「B → 2」、「C → 3」というように読み替えなくても済むためです。これを **C1R1 形式** といいます。

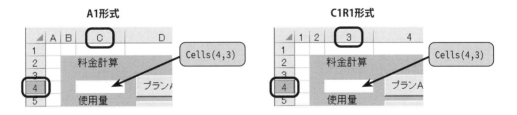

ワークシートの列表記は、Excel のオプションで変更します。**ファイル→オプション→数式** で「R1C1 形式を使用する」を選択します。

Excel 2010の画面

Excel 2019の画面

Excel 2021の画面

ただし、この変更に伴って、計算式が以下のように変更されます。

A1形式	R1C1形式

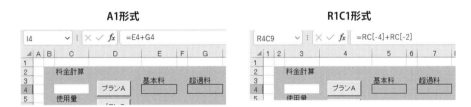

　習慣や好みの問題でもありますが簡単に切り換えられるので、利用場面に応じて適宜、使い分けることをお勧めします。

第2章

基本を押さえておこう

マクロでは、計算だけでなく、コンピュータ上のさまざまな処理をすることができます。まずその基本を押さえておきましょう。なお、この章よりワークシートの列表記を数字としています。

2.1 ボタンの利用

2.1.1 マクロの実行方法

マクロを実行させるには、以下の3通りがあります。

(1) 表示タブ

これは Excel の**表示タブ→マクロ→マクロの表示**を選択して「マクロ一覧」を表示し、このダイアログからマクロを選択し、実行させる方法です。なお、以降、このダイアログを「マクロ一覧」といいます。

(2) 開発タブ

もう一つは、**開発タブ→コード：マクロ**から先の「マクロ一覧」を表示し、マクロを選択し、実行させる方法です。

(3) ボタン

もう一つマクロを実行させる方法があります。それはワークシートのボタンを利用する方法です。

「サンプル」フォルダの Smp201 ボタン .xlsm を見てみましょう。Sheet1 に 2 つのボタンがあり、この**ボタン**をクリックすることで、対応するマクロを実行することができます。

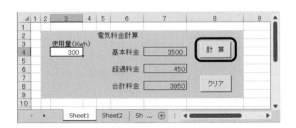

2.1.2　ボタンマクロの作成方法

　マクロの作成手順を整理しながら、ここでは前章で見た「料金計算」を例にこのボタンの利用方法を見てみましょう。

（1）ワークシートの作成

　まず、はじめにワークシートを作ることに変わりません。

　ここでは、データを入力するセル（白抜き）や結果を表示するセル（枠つき）のセル番地を確定することが重要です。そのセル番地をマクロの命令で引用するためです。また、これらのセルに書式が必要であれば設定しておきます。

（2）VBE の起動

　ワークシートにボタンを張り付ける前に、対応する Sub プロシージャを作成しておきます。そのために、**開発タブ→コード：Visual Basic** を選択して VBE を起動します。

（3）標準モジュールの挿入

　VBE のメニューから**挿入→標準モジュール**によって、「Module1」を挿入します。

（4）Sub プロシージャの作成

　順序はどちらが先でも構いませんが、Module1 に、2 つの Sub プロシージャを入力しておきます。

```
Sub 計算()

    使用量 = Cells(4, 3)
    Cells(4, 7) = 3500                      '基本料
    Cells(6, 7) = 0                         '超過料
    超過量 = 使用量 - 120
    If 0 < 超過量 Then Cells(6, 7) = 超過量 * 2.5
    Cells(8, 7) = Cells(4, 7) + Cells(6, 7)      '合計

End Sub

Sub クリア()

    Range("C4,G4:G8") = ""

End Sub
```

(5) ボタンの貼り付け

VBE メニューの**ファイル→終了して MicrosoftExcel に戻る**を選択して、先に作成したワークシートに戻ります。

そこで、**開発タブ→コントロール：挿入**を選択し、表示されるプルダウンメニューから、**フォームコントロール→ボタン**を選択します。

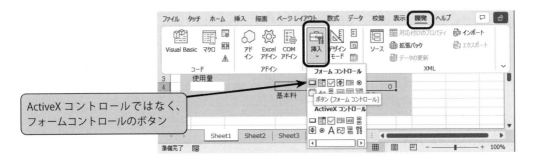

ボタンは、ActiveX コントロールにもありますが、ActiveX コントロールについては応用編で詳しく見ていきますので、ここでは**フォームコントロール**のボタンを選択します。

するとマウスポインタが矢印から十字に変わるので、ボタンとなる四角形の対角 2 点をドラッグします。

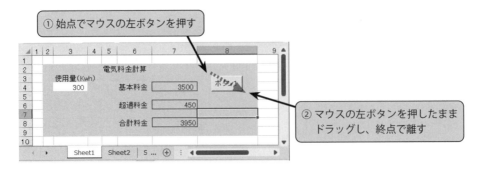

ボタンを貼り付けると、以下のマクロの登録画面となるので、「計算」マクロを選択し、OK ボタンをクリックします。

最後に、「ボタン1」の見出しを「計算」に変更します。そのためには、マウスポインタをボタンにおいて、マウスの右ボタンをクリックすると現れるプルダウンメニューで、「テキストの編集」を選択し、ボタンの見出しを書き換えます。

なお、先にボタンを張り付けて、後から Sub プロシージャを作ったり、Sub プロシージャ名を変更する場合にも、マウスの右ボタンをクリックして現れるプルダウンメニューで、「マクロの登録」から登録、修正することができます。

もう一つ「クリア」ボタンも同様の手順で登録すればマクロは完成ですから、マクロ有効ブックとして保存しておきます。

2.1.3　ボタンに関するエラーとその対策

「エラー」フォルダの Erp201 ボタン .xlsm の Sheet1 にある計算ボタンをクリックすると以下のエラーが表示されます。

ここで、マクロが使用できないかどうかは、**開発タブ→コード：Visual Basic** を選択して VBE を起動し、コードウィンドウに Sub プロシージャが表示されれば、マクロが無効になっていることはありません。

もう一方の原因を確認するために、マウスポインタを計算ボタンに合わせ、右ボタンをクリックすると現れるプルダウンメニューで、マクロの登録を選択します。

すると、「マクロの登録」ダイアログが現れますが、「新規作成」しなければならないとはいかにも変です。

このダイアログから確認できることは

● ボタンが実行する Sub プロシージャ：「計算」
● Module1 にある Sub プロシージャ：「料金」、「クリア」

ということで、「計算」Sub プロシージャを実行しようにも存在しないというわけです。

たとえばボタンを張り付けた後で、標準モジュールのプロシージャ名を「計算」から「料金」に変更したまま、ボタンの登録マクロは変更していないといったことが考えられます。

もし正しく、Sub プロシージャが紐づけられていれば、マクロの登録画面で、「編集」ボタンが表示されるので、クリックすると、VBE のコードウィンドウに表示されます。

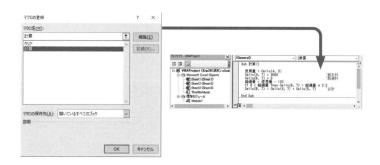

2.2 演算式

演算式はそれ自身が命令文（代入文）となることもありますが、他の命令の一部（条件など）として利用する場合もあります。

2.2.1 算術演算

算術演算とは数値の四則演算による計算です。

（1）表記法

算術演算を行うための演算子は以下のとおりです。

算術演算子	意味、用法
+	加算、足し算
-	減算、引き算
*	乗算、掛け算
/	除算、割り算

算術演算子	意味、用法
^	べき乗
¥	整数除算（被除数の中に除数がいくつ含まれているか）
Mod	剰余、割り算の余り

　なお、「¥」（整数除算）と Mod（剰余）は、ワークシートでは使用できない、マクロ内でのみ可能な演算子です。

　また、算術演算の結果はそのままでは消滅してしまうので、一般的にはワークシートのセルや変数に格納します。これを代入といい、以下の代入演算子で表します。

代入演算子	意味、用法
=	右辺の内容を左辺に代入する

(2) 具体例

　以下は、「サンプル」フォルダの Smp202 マクロの計算 .xlsm の Sheet1 にある、「計算」ボタンに紐づけられた「算術演算」サブプロシージャです。

```
Sub 算術演算()
    ' マクロの計算
    Cells(7, 5) = Cells(3, 4) + Cells(4, 4)
    Cells(8, 5) = Cells(3, 4) – Cells(4, 4)
    Cells(9, 5) = Cells(3, 4) * Cells(4, 4)
    Cells(10, 5) = Cells(3, 4) / Cells(4, 4)
    Cells(11, 5) = Cells(3, 4) ^ Cells(4, 4)
    Cells(12, 5) = Cells(3, 4) ¥ Cells(4, 4)
    Cells(13, 5) = Cells(3, 4) Mod Cells(4, 4)
End Sub
```

　以下がその実行結果です。

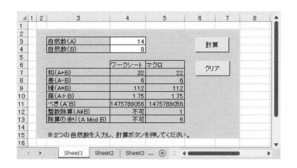

　4列目はあらかじめセルに設定されているワークシートの計算式による結果で、5列目がマクロによる計算結果です。マクロの計算では、計算結果としての値が格納されていますので、計算元（2つの自然数）が書き直されても自動的に再計算されることはありません。

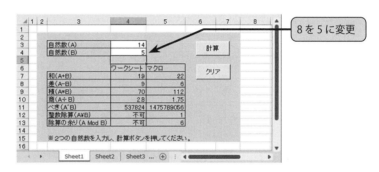

（3）算術演算エラーとその対策

　以下は、「エラー」フォルダにある Erp202 マクロの計算 .xlsm の Sheet1 にある「計算」マクロです。計算ボタンをクリックすると、以下のエラーが検出されます。

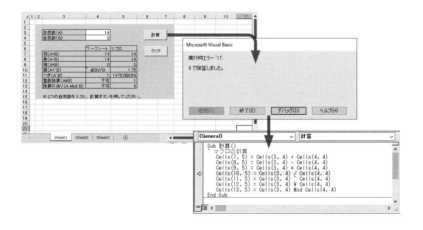

　このエラーは、「/」(割り算)で検出されています。その原因は分母がゼロとなっているためです。一般的に分母をゼロとする割り算では∞（無限大）としますが、コンピュータでは∞が表現できないため、実行時のエラーとするわけです。これをゼロ割りといいます。

　したがって、このエラーを回避するために自然数（B）はゼロを禁止するか、ゼロならば計算しないという対策が求められます。

2.2.2 関係演算

　関係演算とは、比較演算ともいい、大きい、小さい、など関係を調べて、その結果を以下のどちらか一方で示すデータとする演算です。

- 真：正しい、True、条件を満足する
- 偽：正しくない、False、条件を満足しない

この 2 値データを**論理値**（Boolean）といいます。

(1) 表記法

　そのための演算子は以下の通りです。

関係演算子	用法、意味
<	より小さい（境界値を含まない）
<=	以下（境界値を含む）
>	より大きい（境界値を含まない）
>=	以上（境界値を含む）
=	等しい
<>	等しくない

(2) 具体例

　以下も「サンプル」フォルダの Smp201 マクロの計算 .xlsm の Sheet2 にある「計算」ボタンをクリックした結果です。結果は以下のいずれかの論理値（Boolean）となります。

- True（真、正しい）
- False（偽、正しくない）

また、以下がその「関係演算」サブプロシージャです。

```
Sub 関係演算()
    ' マクロの計算
    Cells(7, 4) = Cells(3, 4) < Cells(4, 4)
    Cells(8, 4) = Cells(3, 4) <= Cells(4, 4)
    Cells(9, 4) = Cells(3, 4) > Cells(4, 4)
    Cells(10, 4) = Cells(3, 4) >= Cells(4, 4)
    Cells(11, 4) = Cells(3, 4) = Cells(4, 4)
    Cells(12, 4) = Cells(3, 4) <> Cells(4, 4)
End Sub
```

　関係演算の結果は上記例のように代入するというよりは、If 文などの**条件**として利用されます。なお、以下の代入文では代入演算子と関係演算子として解釈実行されています。

```
    Cells(11, 4) = Cells(3, 4) = Cells(4, 4)
                ↓              ↓
            代入演算子      関係演算子
```

2.2.3 論理演算

　論理演算とは、「かつ」、「または」というように論理値の関係を調べる演算で、その結果も論理値（True/False のどちらか）となる演算です。

(1) 表記法

論理演算子	用法、意味
And	2 つの条件がともに真のとき真とする演算で、2 つの論理値がともに True の時にのみ True、その他は False となります。
Or	2 つの条件のうちどちらか一方でも真のとき真とする演算で、2 つの論理値のうち 2 つとも False の時に False となり、他は True となります。
Not	True なら False、False なら True というように逆値を結果とする

(2) 具体例

　以下も「サンプル」フォルダの Smp201 マクロの計算 .xlsm の Sheet3 にある「計算」ボタンをクリックした結果です。

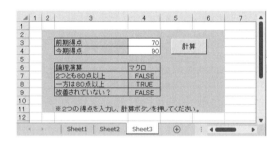

　また以下がその「論理演算」サブプロシージャです。

```
Sub 論理演算()
    ' マクロの計算
    Cells(7, 4) = 80 <= Cells(3, 4) And 80 <= Cells(4, 4)
    Cells(8, 4) = 80 <= Cells(3, 4) Or 80 <= Cells(4, 4)
    Cells(9, 4) = Not Cells(3, 4) < Cells(4, 4)
End Sub
```

　ここでは、

　　前期得点 < 今期得点

を「改善されている」とすれば、Not（改善されていない）として取り出しています。

2.3 判断

すでに見たように、マクロで判断を行うには If 文を用います。ここでは、さらにブロック If 文を含めて整理してみましょう。

2.3.1 If 文

(1) If 文の表記法

If 文には前章で見た一行 If 文の他にブロック If 文という 2 種類の構文があります。

①一行 If 文

```
If 条件 Then 文 1 [Else 文 2]　（［…］内は省略可）
```

もし、条件が正しい（真）なら文 1 を実行する。条件が正しくない（偽）なら文 2 を実行する（省略時は何もしない）。

②ブロック If 文

```
If 条件 Then
    文 1
[Else
    文 2]　（［…］内は省略可）
End If
```

もし、条件が正しい（真）なら文 1 を実行する。条件が正しくない（偽）なら文 2 を実行する（省略時は何もしない）。

- End If 文で終わらなければならない
- 文 1、文 2 ともに複数の命令文が記述できる

(2) 具体例

以下は「サンプル」フォルダの Smp203 クラス判定 .xlsm の Sheet1 です。3 つのボタンはそれぞれ、同じ判定結果を表示します。

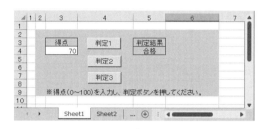

以下は判定 1、判定 2 ボタンに対応したプロシージャで、どちらも一行 If 文で判定しています。

```
Sub 判定1()
    得点 = Cells(4, 3)
    If 60 <= 得点 Then 評価 = "合格" Else 評価 = "不合格"
    Cells(4, 5) = 評価
End Sub

Sub 判定2()
    得点 = Cells(4, 3)
    評価 = "合格"
    If 60 <= 得点 Then 評価 = "不合格"
    Cells(4, 5) = 評価
End Sub
```

「判定 2」では、いったん " 合格 " に仮置きし、条件によって " 不合格 " に置き換えることによって、Else 以降を使わずに処理しています。

また、「判定 3」ボタンに対応した Sub プロシージャではブロック If 文で判定しています。

```
Sub 判定3()
    得点 = Cells(4, 3)
    If 60 <= 得点 Then
        評価 = "合格"
    Else
        評価 = "不合格"
    End If
    Cells(4, 5) = 評価
End Sub
```

　一行 If 文の方がスッキリしてはいますが、ブロック If 文では、条件が真の場合も偽の場合も複数の命令を記述できますし、ブロック If 文でなければならない処理もあります。

2.3.2 ブロック If 文と入れ子

　一行 If 文では表現できない処理に If 文の入れ子があります。

(1) 表記法

　ブロック If 文では、条件を満足した場合もそうでない場合も実行する命令としてブロック If 文を指定できます。これを入れ子といいます。

　入れ子とは大きな箱の中により小さな箱が入る、大きさの異なる箱を何層にも重ねられる箱のことで、If 文をこの箱のように、他の If 文の中に入れ重ねていくことです。

```
If 条件0 Then
    If 条件1 Then
        命令11
    Else
        命令12
    End If
Else
    If 条件2 Then
        命令21
    Else
        命令22
    End If
End If
```

　たとえば上記の入れ子では、条件 0 と条件 1 をともに満足した場合に命令 11 が実行されることになります。

　また、And という論理演算をブロック If 文の入れ子で処理すると以下の通りです。

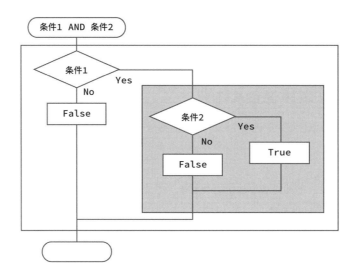

(2) 字下げ

ブロック If 文ではよく**字下げ**を行います。特に 2 重、3 重の入れ子による If 文では文の構造を視覚的に表現できるだけでなく、

● EndIf 文を書き忘れる

● If と EndIf のペアーが崩れる

といったトラブルを未然に回避するためです。

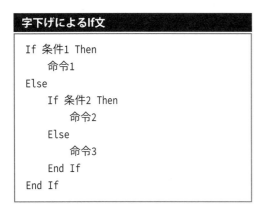

字下げによるIf文

``
If 条件1 Then
    命令1
Else
    If 条件2 Then
        命令2
    Else
        命令3
    End If
End If
``

字下げのないIf文

``
If 条件1 Then
命令1
Else
If 条件2 Then
命令2
Else
命令3
End If
End If
``

（3）具体例

以下は「サンプル」フォルダの Smp203 クラス判定 .xlsm の Sheet2 です。

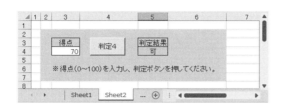

この判定 4 ボタンでは、以下の 3 クラスに判定します。

80 点以上	良
60 点以上	可
60 点未満	不可

ここでは、この 3 クラスの分類をブロック If 文の入れ子で振り分けています。

```
Sub 判定4()
    得点 = Cells(4, 3)
    If 80 <= 得点 Then
        評価 = "良"
    Else
        If 60 <= 得点 Then
            評価 = "可"
        Else
            評価 = "不可"
        End If
    End If
    Cells(4, 5) = 評価
End Sub
```

（4）ブロック If 文の入れ子に関するエラーとその対策

以下は「エラー」フォルダにある Erp203If 入れ子 .xlsm の Sheet1 です。

　ここでは画面のように 48 点を「良」と判定してしまいます。そこで処理内容をみて見ると、以下のようになっています。

```
Sub エラー()
    Cells(4, 4) = ""
    得点 = Cells(3, 4)
    If 80 <= 得点 Then
        If 60 <= 得点 Then
            評価 = "可"
        Else
            評価 = "不可"
        End If
    Else
        If 95 <= 得点 Then
            評価 = "優"
        Else
            評価 = "良"
        End If
    End If
    Cells(4, 4) = 評価
End Sub
```

　外側の If 文で大まかに 80 点以上、80 点未満の 2 つのクラスに分けているのですが、80 点以上のクラスで、さらに 60 点以上、60 点未満のクラスに分けているので、外側と内側の条件が矛盾しています。

得点			
80 点未満		80 点以上	
95 点未満	95 点以上	60 点未満	60 点以上
0 〜 79	あり得ない	あり得ない	80 〜 100
良			可

　したがって、このマクロでは、どんな得点でも良か可の2クラスに限られてしまいます。これを修正するためには、外側の条件を反転させるか、内側のIfブロックを入れ替える必要があります。

<table>
<tr><th>外側の条件を反転</th></tr>
</table>

```
Sub エラー()
    Cells(4, 4) = ""
    得点 = Cells(3, 4)
    If 得点 < 80 Then
        If 60 <= 得点 Then
            評価 = "可"
        Else
            評価 = "不可"
        End If
    Else
        If 95 <= 得点 Then
            評価 = "優"
        Else
            評価 = "良"
        End If
    End If
    Cells(4, 4) = 評価
End Sub
```

内側のIfブロックを入れ替える

```
Sub エラー()
    Cells(4, 4) = ""
    得点 = Cells(3, 4)
    If 80 <= 得点 Then
        If 95 <= 得点 Then
            評価 = "優"
        Else
            評価 = "良"
        End If
    Else
        If 60 <= 得点 Then
            評価 = "可"
        Else
            評価 = "不可"
        End If
    End If
    Cells(4, 4) = 評価
End Sub
```

　以上の修正によって、以下のような結果を得ることができます。

得点			
80点未満		80点以上	
60点未満	60点以上	95点未満	95点以上
0〜59	60〜79	80〜94	95〜100
不可	可	良	優

2.4 多肢選択

　If 文の入れ子の深さに制限はありませんが、あまり深いと混乱の元となり、せいぜい二重か、三重が限度といわれます。つまり、選択肢の多い多肢選択には If 文の入れ子とは別の対策が求められます。

2.4.1 ElseIf 文

　この文は単独に存在するのではなく、ブロック If 文の Else に組み替えることによって、入れ子のように階層を作らずに多肢選択を実現します。

(1) 表記法

```
If 条件 1 Then
    文 1
ElseIf 条件 2 Then
    文 2
ElseIf 条件 3 Then
    文 3
      ⋮
Else
    文 n
End If
```

　上記のように、1 つの If 文の中で多肢選択を表現しますから、条件がいくつあっても End If 文は 1 つで済みます。

　ただし、If 文を実行するとき、条件は上から順に評価され、条件を満足するとその条件に対応した命令を実行して If 文を抜け出し、以降の条件は評価されることはありません。

(2) 具体例

以下は「サンプル」フォルダの Smp204 多肢選択 .xlsm にある「判定 1」ボタンに対応したマクロです。

これは 4 クラスの分類を ElseIf 文で表現したものです。

```
Sub 判定1()
    得点 = Cells(4, 3)

    If 95 <= 得点 Then
        評価 = "優"
    ElseIf 80 <= 得点 Then
        評価 = "良"
    ElseIf 60 <= 得点 Then
        評価 = "可"
    Else
        評価 = "不可"
    End If

    Cells(4, 5) = 評価
End Sub
```

2.4.2 Select Case 文

もう一つ多肢選択に利用されるのがこの Select Case 文です。

(1) 表記法

```
Select Case 変数
    Case 条件 1
        条件 1 に対応した処理
    Case 条件 2
        条件 2 に対応した処理
  ⋮
    Case Else
        どの条件も満たさなかったときの処理
End Select
```

条件の指定方法には以下の 4 つがあります。

①単一条件

変数の値を個別に指定する最もシンプルな指定方法です。

```
Case 1
    変数が1の場合の処理
Case 2
    変数が2の場合の処理
```

② Or 条件

変数の値をカンマで区切ることによって Or 条件を指定します。

```
Case 2,4
    変数が2かまたは4の場合の処理
Case 1,3
    変数が1かまたは3の場合の処理
```

③範囲条件

変数の始端と終端の間に予約語 To を用いて範囲を指定します。

```
Case 1 To 3
    変数が1から3までの場合の処理
Case 4 To 6
    変数が4から6までの場合の処理
```

④関係条件

これは Is という予約語に、関係演算子を続けて、大きい、小さいといった関係を条件として指定します。

```
Case Is < 60
    変数が60未満の場合の処理
Case Is <80
    変数が80未満の場合の処理
Case Is < 90
    変数が90未満の場合の処理
```

これらは、ひとつの Select Case 文の中で、組み合わせることも可能です。ただし、Select Case 文による判定も、上から順に評価し、条件が満足された時点で抜け出します。したがって、厳しい条件から先に展開する必要があります。

(2) 具体例

以下は「サンプル」フォルダの Smp204 多肢選択 .xlsm にある「判定 2」ボタンに対応したマクロの実行結果です。

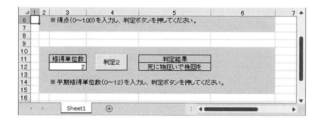

その判断は、以下の Select Case 文によって振り分けています。

```
Sub 判定2()
    単位数 = Cells(12, 3)

    Select Case 単位数
      Case 0, 1
        コメント = "卒業は絶望的"
      Case 2, 3, 4
        コメント = "死に物狂いで挽回を"
      Case 5 To 9
        コメント = "まだ間に合う"
      Case 10, 11
        コメント = "できれば遅れを取り戻そう"
      Case Else
        コメント = "このペースで"
    End Select

    Cells(12, 5) = コメント
End Sub
```

(3) Select Case 文に関するエラーとその対策

　以下は「エラー」フォルダの Erp204 多肢選択 .xlsm の Sheet1 で、判定ボタンをクリックした実行結果です。

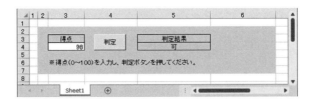

以下がそのマクロです。

```
Sub 判定()
    得点 = Cells(4, 3)

    Select Case 得点
      Case Is >= 60
        評価 = "可"
      Case Is >= 80
```

```
        評価 = "良"
      Case Is >= 95
        評価 = "優"
      Case Else
        評価 = "不可"
    End Select

    Cells(4, 5) = 評価
End Sub
```

Select Case 文の条件は、上から End Select 文に向かって評価され、条件を満足すると、以降の条件は評価されません。たとえば得点が 98 点の場合でも、最初の 60 点以上という条件を満足してしまい、正しく " 優 " とは評価されないというわけです。

2.5 回数による繰り返し

音楽の世界でも、楽譜に様々な繰り返し記号が使われているように、マクロでも単に命令文を上から下に向かって順番に実行するだけでなく、同じ命令を何度も繰り返し利用できる場面が少なくありません。そうした処理を**繰り返し（ループ）**といいます。

2.5.1 For 文

繰り返しを回数によって制御する場合はこの **For** 文を用います。

（1）表記法

```
For 変数 = 初期値 To 終値 [Step 増分値]        ※増分値が省略されると 1 と見なされます
    繰り返しの本体
Next 変数
```

For 文で指定する変数を繰り返しを制御する**制御変数**ということがあります。これは初期値から出発して、**Next** 文を実行するたびに増分値を加え、For 文と Next 文の間（繰り返し本体）を繰り

返し、終値を超えると繰り返しから抜け出します。流れ図に示すと以下の通りです。

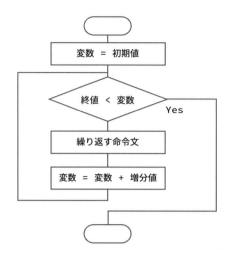

(2) 具体例

　以下は「サンプル」フォルダの Smp205 回数繰り返し .xlsm にある Sheet1 で、「計算」ボタンの実行結果です。

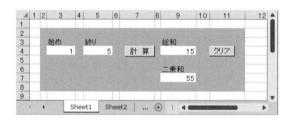

　以下がその Sub プロシージャです。

```
Sub 回数ループ1()
    始め = Cells(4, 3)
    終り = Cells(4, 5)
    総和 = 0
    積和 = 0
    For 数 = 始め To 終り
        総和 = 総和 + 数
        積和 = 積和 + 数 * 数
    Next 数
```

```
    Cells(4, 9) = 総和
    Cells(7, 9) = 積和
End Sub
```

　ここでは上記画面のように、数が 1 から出発して、Next 文を実行するごとに 1 ずつ増えて、6 まで増えると繰り返しから抜け出します。その繰り返しの中で

- 総和 = 総和 + 数
- 積和 = 積和 + 数 * 数

を 5 回実行しますから、その途中経過は以下のとおりです。

	1 回目	2 回目	3 回目	4 回目	5 回目	6 回目
総和 =0	総和 =0					
For 数 =1 To 5	数 (1)<=5	数 (2)<=5	数 (3)<=5	数 (4)<=5	数 (5)<=5	数 (6)>5
総和 = 総和 + 数	総和 =0+1 =1	総和 =1+2 =3	総和 =3+3 =6	総和 =6+4 =10	総和 =10+5 =15	
積和 = 積和 + 数 * 数	積和 =0+1 =1	積和 =1+4 =5	積和 =5+9 =14	積和 =14+16 =30	積和 =30+25 =55	
Next 数	数 =1+1	数 =2+1	数 =3+1	数 =4+1	数 = 6	

(3) For 文に関するエラーとその対策

　For 文にもたくさんのエラーが潜んでいます。
　「エラー」フォルダにある Erp205For.xlsm を見てみましょう。

① 「エラー 1」

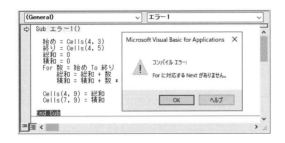

　For 文に対応する Next 文を Sub プロシージャの終了するまで探しても見当たらなかったというエラーです。

② 「エラー2」

Next 文はただあればいいというだけでなく、For 文と同じ制御変数を指定しなければなりません。

③ 「エラー3」

最後に、エラー3を見てみましょう。エラーが出るわけではありませんが、求める総和、積和が正しく計算できないという厄介なエラーです。

ステップ実行して実行過程を調べると、繰り返し本体は一度も実行されていないことが確認できます。ここでは「終り」に終値が設定されていますが、「終わり」には何も値が設定されていないというわけです。

2.5.2 For 文の入れ子

(1) 表記法

繰り返しも If 文と同じように、入れ子構造にすることで、2重、3重の繰り返しとすることができます。たとえば以下のように、20回の繰り返しの中で300回の繰り返しがあると、その内側は 20 × 300 で 6000 回繰り返されることになります。

```
For 外側=1 To 20
    For 内側=1 To 300
        繰り返しの本体
    Next 内側
Next 外側
```

(2) For 文と字下げ

For 文の繰り返し処理でも**字下げ**をよく行います。そうした入れ子構造を視覚的に表現できますし、

- Next 文を書き忘れる
- For と Next のペアーが崩れる

といったトラブルを未然に回避するためです。

字下げによるIf文

```
For 行 = 始点 To 終点
    For 列 = 始点 To 終点
        距離 = Sqr((行 - 原点) ^ 2 + (列 - 原点) ^ 2)
        If 距離 <= 半径 Then Cells(行, 列) = "■"
    Next 列
Next 行
```

字下げのないIf文

```
For 行 = 始点 To 終点
For 列 = 始点 To 終点
距離 = Sqr((行 - 原点) ^ 2 + (列 - 原点) ^ 2)
If 距離 <= 半径 Then Cells(行, 列) = "■"
Next 列
Next 行
```

（3）具体例

今度は「サンプル」フォルダの Smp205 回数繰り返し .xlsm の Sheet2 について見てみましょう。

このシートには 2 つのボタンがあり、それぞれ次のマクロに対応しています。

● 「入れ子」ボタン：5 × 5 のセル範囲に、1 から 25 までの連続した値を格納する
● 「クリア」ボタン：5 × 5 のセル範囲をクリアする

①クリアマクロ

では、まずクリアマクロから見てみましょう。ここでは、各セルを以下のような **For 文の入れ子**による 2 重の繰り返しによって、クリアします。

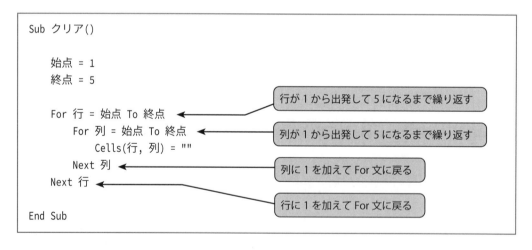

```
Sub クリア()

    始点 = 1
    終点 = 5

    For 行 = 始点 To 終点          ← 行が 1 から出発して 5 になるまで繰り返す
        For 列 = 始点 To 終点      ← 列が 1 から出発して 5 になるまで繰り返す
            Cells(行, 列) = ""
        Next 列                    ← 列に 1 を加えて For 文に戻る
    Next 行                        ← 行に 1 を加えて For 文に戻る

End Sub
```

「行」を 1 から 5 まで繰り返す For 文の中に、「列」を 1 から 5 まで繰り返す For 文を入れ子にすることで、5 × 5 の 2 重の繰り返し（ループ）構造となっています。

外側（行）	1			5					
内側（列）	1	…	5	1	…	5	1	…	5

この２重のループによって、正方形の座標全体をクリアしています。

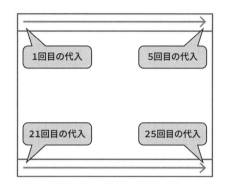

②入れ子マクロ

```
Sub 入れ子ループ()

    Worksheets("Sheet2").Select
    始点 = 1
    終点 = 5
    数 = 0
    For 行 = 始点 To 終点
        For 列 = 始点 To 終点
            数 = 数 + 1
            Cells(行, 列) = 数
        Next 列
    Next 行
End Sub
```

　これも基本的にはクリアマクロと同じ、For 文の中に For 文を入れ子にする２重の繰り返しの
中で、

- 数 = 数 + 1
- Cells(行 , 列) = 数

によって、当該セルに連続した値を格納しています。

(4) For 文の入れ子に関するエラーとその対策

「エラー」フォルダにある Erp205For.xlsm の「エラー 4」マクロを実行した様子です。

このコンパイルエラーの原因は For 文と Next 文のペアーが交錯しているためです。

したがって、For 文をタイプする時に、同時に Next 文をタイプすることによって、

● For 文と Next 文
● 制御変数

のペアーを先に作り込み、For 文を入れ子にしなければなりません。

Sub 文を入力すると自動的に End Sub 文は挿入されますが、For 文を入力すると自動的に Next 文が挿入されることはないためです。

2.6 条件による繰り返し

For 文のように回数によって繰り返しを制御するのではなく、条件によって繰り返すときは Do 文が便利です。条件による繰り返しとは、あらかじめ繰り返す回数が確定できない、やってみなければ何回繰り返すか分からないような繰り返しです。

2.6.1 Do 文

Do 文には While と Until の 2 つの表記法がありますが、条件が逆転するだけで意味も用法も同じです。両方をマスターするというよりは、感覚的に合うどちらか一方、あるいは場面に応じて使い分けることも可能です。

(1) 表記法

```
Do While 繰り返しを継続する条件
      繰り返し本体
Loop
```

条件を満足している間、**Loop文**までの繰り返し本体を繰り返し、満足しなくなると繰り返しから抜け出す。

```
Do Until 繰り返しを終了する条件
      繰り返し本体
Loop
```

条件を満足していない間、**Loop文**までの繰り返し本体を繰り返し、満足すると繰り返しから抜け出す。

(2) 具体例

「サンプル」フォルダの Smp206 条件繰り返し .xlsm の Sheet1 には 2 つのマクロがありますが、どちらも同じ割り算を行います。

● 割られる数 ÷ 割る数

という割り算を

● 割られる数 = 割られる数 － 割る数

という引き算の繰り返しで計算します。割られる数から割る数が引けなくなった時、

● 繰り返した回数は「割り算の商」（整数除算）
● 残りの割られる数は「除算の剰余」

となります。

Do While文の例

```
Sub 割り算1()
    割られる数 = Cells(3, 4)
```

```
    割る数 = Cells(4, 4)
    商 = 0

    Do While 割る数 < 割られる数
        商 = 商 + 1
        割られる数 = 割られる数 - 割る数
    Loop
    Cells(6, 8) = 商
    Cells(7, 8) = 割られる数
End Sub
```

Do Until文の例

```
Sub 割り算2()
    割られる数 = Cells(3, 4)
    割る数 = Cells(4, 4)
    商 = 0

    Do Until 割る数 > 割られる数
        商 = 商 + 1
        割られる数 = 割られる数 - 割る数
    Loop
    Cells(6, 8) = 商
    Cells(7, 8) = 割られる数
End Sub
```

　画面のように、2つの自然数が11と4の繰り返しをトレースすると、Do文を実行する時点の各変数は以下のように推移します。

変数	1回目	2回目	3回目	4回目
割られる数	11	7	3	繰り返しから抜け出す
割る数	4	4	4	
商	0	1	2	

以上から、11 ÷ 4 = 2 … 3 を計算することになります。

2.6.2　Exit Do 文

Do 文による繰り返し本体の中から強制的に抜け出す命令文です。

(1) 表記法

Exit Do

Do 文による繰り返しの中から条件とは無関係に強制的に抜け出す。

　一般的にはある条件の時に繰り返しから抜け出すといった場面で用いるので、If 文の中で用いられることになります。

(2) 具体例

　「サンプル」フォルダの Smp206 条件繰り返し.xlsm の Sheet2 にも 2 つの検索マクロがありますが、2 つとも 4 行目 3 列目のセル（白抜き）の商品コードを製品マスタから見つけ出し、付随するデータを表示します。

　「検索 1」、「検索 2」2 つのマクロの処理手順は、Do While 文、Do Until 文によって繰り返しを制御する点以外は、同じです。

Do While文の例

```
Sub 検索1()

    目的 = Cells(4, 3)
    行 = 3
    Do While Cells(行, 11) <> ""
        If 目的 = Cells(行, 11) Then Exit Do
        行 = 行 + 1
    Loop

    If Cells(行, 11) <> "" Then
        Cells(4, 6) = Cells(行, 12)
        Cells(4, 7) = Cells(行, 13)
    Else
        Cells(4, 6) = "エラー"
        Cells(4, 7) = ""
    End If
End Sub
```

目的データが見つからなかったときの処理

Do Until文の例

```
Sub 検索2()

    目的 = Cells(4, 3)
    行 = 3
    Do Until Cells(行, 11) = ""
        If 目的 = Cells(行, 11) Then Exit Do
        行 = 行 + 1
    Loop

    If Cells(行, 11) <> "" Then
        Cells(4, 6) = Cells(行, 12)
        Cells(4, 7) = Cells(行, 13)
    Else
        Cells(4, 6) = "エラー"
        Cells(4, 7) = ""
    End If
End Sub
```

目的データを見つけたときの処理

　どちらも、探し出す商品コード（目的データ）をデータベースの商品コード（対象データ）の中から探し出すわけですが、先頭から最後のデータに至るまで目的データと等しいものをシラミつぶしに探し出します。

目的データ　　　　　　　対象データ

商品コード	商品名	標準単価
PC01	VM98	119,800
PC02	FJ567	169,800
PC03	MS123	99,800
PC04	VPC123	139,800

PC03

　このとき、「最後のデータまで」という条件が以下のように異なっています。

- Do While 文では、データが存在している間（while）繰り返す。
　Cells(行, 11) <> ""

- Do Until 文では、データが無くなるまで（until）繰り返す。
　Cells(行, 11) = ""

　その繰り返しの中で、目的データを見つけると、Exit Do 文によって繰り返しから抜け出します。したがって、この繰り返しから抜け出したときは、以下のどちらかとなります。

- 探索の途中で目的データを見つけ、これ以上繰り返す必要がなくなった状態。

- データベースの最後のデータ、探索データが無くなってしまった、つまり目的データが見つからなかった状態。

　そして、それぞれの状態に対応した処理をすることになります。

2.6.3　Do 文に関するエラーとその対策

　では、「エラー」フォルダの Erp206Do.xlsm について見てみましょう。

(1)「検索」マクロ

Sheet1 にある「検索」ボタンをクリックした結果です。

これでは本当に実行しているのかもわかりません。ステップ実行でもいいのですが、こんな時、ブレイクポイントが便利です。**ブレイクポイント**を設定すると、そのブレイクポイントまでは通常のスピードで実行するので、1ステップずつ実行させずに、目的のステップにたどり着くことができます。

そのためには、以下のように操作します。

①ブレイクポイントの設定

マウスポインタをコードウィンドウの左端に移動し、ポインタが矢印に変わる部分を左ボタンでクリックすると、その行にブレイクポイントを設定することができます。クリックした箇所に茶色の丸印が表示され、対応する行が茶色で強調表示されます。

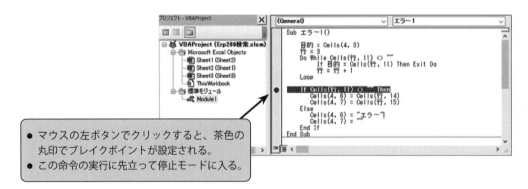

ここでは、繰り返しから抜け出してきた処で、いったん中断させます。見つける処理に問題があるのか、見つけた後処理に問題があるのかを振り分けようというわけです。

②実行

つづいて VBE を終了して Excel に戻り、「検索」ボタンをクリックすることで、ブレイクポイントを設定したマクロを実行します。マクロを実行して、制御がブレイクポイントに到達したとき、

VBE のコードウィンドウが現れ、茶色で強調表示された行がさらに黄色で強調表示された状態になって停止します。

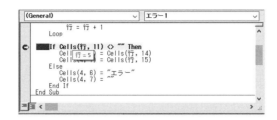

　ここで変数「行」の値を確認すると、5 行目で目的データを見つけていることが分かります（ステップ実行を何回も繰り返す必要はありません）。このように、正常に目的データを見つけているので、あとは結果の表示、つまり商品名を 14 列目から取り出していることが原因であることが確認できます。

　なお、いちいち Excel に戻るのは面倒だという場合には、VBE のまま実行させることも可能です。VBE のコードウィンドウで、実行する Sub プロシージャにカーソルを置いて、VBE のメニューから実行→ Sub/ ユーザー フォームの実行を選択してください。

(2) エラー 2 実行してはいけない

　最後に、「エラー」フォルダの Erp206Do.xlsm にある「エラー 2 実行してはいけない」マクロを見てみましょう。

```
Sub エラー2実行してはいけない()
    ' 永久ループ
    目的 = Cells(4, 3)
    行 = 3
    Do Until Cells(行, 11) = ""
```

```
            If 目的 = Cells(行, 11) Then Exit Do
        Loop

        If Cells(行, 11) <> "" Then
            Cells(4, 6) = Cells(行, 12)
            Cells(4, 7) = Cells(行, 13)
        Else
            Cells(4, 6) = "エラー"
            Cells(4, 7) = ""
        End If
End Sub
```

　このマクロを実行してはいけません。それは変数「行」が3から出発し、いつまでたっても3のままで繰り返しから抜け出さないためです。こうした繰り返しを**永久ループ**といい、実行し続けてしまいます。

　もし、誤って実行させてしまったら、以下のいずれかで停止させなければなりません。

● キャンセル：素早く［Esc］キーを押す。
● 中断：早く、［Ctrl］＋［Break］キーを押す。

● タスクの強制終了：［Ctrl］＋［Alt］＋［Delete］キーを押して、タスクマネージャから Excel を強制終了させる。

　タスクマネージャによって Excel を強制終了させると、それまでの作業が保存されず、変更部分を失うことになります。

(3) 対策

①永久ループさせない

　永久ループとは、いつまで実行しても繰り返しから抜け出せないループのことで、以下のように、繰り返しの中で条件を変更する処理が無い場合です。

```
Do While 条件

Loop
```

```
Do Until 条件

Loop
```

　この例では、

```
        行 = 行 + 1
```

を実行することによって、やがて最後のデータに到達し、繰り返しを抜け出します。つまり、Do文による繰り返しの中では、やがて繰り返しを抜け出すために状態を変更させる処理が含まれていなければなりません。

②テストする前に保存する

　それでも永久ループに陥らない保証はありませんから、実行（テスト）する前に必ず、マクロ有効ブックとして保存しておくことが大切です。永久ループに陥ってタスクを強制終了させると、それまでに作成したマクロも消えてしまうためです。

2.7　別シートのセル参照

　これまで見たマクロでは、ワーク―シートのセルを

```
Cells(行, 列)
Range("セル番地")
```

というように参照してきました。しかし、これは

```
ActiveSheet.Cells(行, 列)
ActiveSheet.Range("セル番地")
```

の **ActiveSheet.** を省略したもので、アクティブシートを処理対象としています。

ここでは、アクティブシート以外の別シートを処理対象とする方法を見てみましょう。

2.7.1 ワークシートの明記

(1) ワークシートの表記法

これまでの Range や Cells の前に、ActiveSheet の代わりに、たくさんあるワークシート（Worksheets）の中から名前で特定したワークシートを「.」（ドット）で結んで指定します。

```
Worksheets(ワークシート名).Range(セル番地)
Worksheets(ワークシート名).Cells(行, 列)
```

なお、ワークシートは順番（インデックス番号）でも指定することができますが、ワークシートの挿入、削除によって、変わってしまうので、マクロの命令としては好ましくありません。

(2) 使用例

以下の算術代入文は、2 つの異なるシートの串刺し演算を行います（紙面の制約から途中で折り返していますが実際には 1 行の式です）。

```
Worksheets("Sheet1").Cells(1,1) = Worksheets("Sheet2").Cells(1,1) + Worksheets("Sheet3"
).Cells(1,1)
```

これを図示すると以下のおりです。

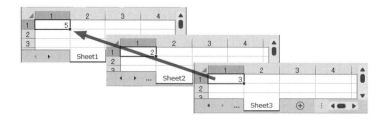

(3) 継続行

なお、一行が長くなりすぎて分かりにくい場合には、半角スペースと半角アンダーバーで行を終えて、次に継続することを示すことによって、**継続行**に展開することができます。

先の代入文は以下の3行に展開しても、意味は全く変わりません。

```
Worksheets("Sheet1").Cells(1,1) _
        = Worksheets("Sheet2").Cells(1,1) _
          + Worksheets("Sheet3").Cells(1,1)
```

2.7.2　ワークシート変数の活用

以上のように、ワークシートを省略せずに明記すればアクティブワークシート以外のセルやセル範囲を特定することはできますが、計算式などで使用する場合には、文が長くなるのも事実です。何行かの継続行に展開するのも一方法ですが、その冗長性を回避するために、ワークシートを代入した変数によってより簡潔にセルを特定できるようになっています。

(1) ワークシート変数の設定

そのために、ワークシートを変数に代入します。ただし、ワークシートを変数に代入するには以下のように **Set** 命令を使わなければなりません。

```
Set 変数 = ワークシート
```

(2) 変数によるワークシート参照

Set 命令でワークシートを代入した変数を Range や Cells の前にドットで結んで、指定します。

```
変数 .Range( セル番地 )
変数 .Cells( 行 , 列 )
```

2.7.3 使用例

では、「サンプル」フォルダの Smp207 他シート .xlsm を見てみましょう。
ここで、「他シート」ボタンをクリックすると、以下のようになります。

ここで、「他シート」が実行するマクロは以下の通りです。

```
Sub 他シート()
    '数値変数を使う
    作業2 = Worksheets("Sheet2").Cells(1, 1)
    作業3 = Worksheets("Sheet3").Cells(1, 1)
    Cells(1, 1) = 作業2 + 作業3    ←        2+30
    '継続行
    Worksheets("Sheet1").Cells(2, 1) _
        = Worksheets("Sheet2").Cells(2, 1) _
        + Worksheets("Sheet3").Cells(2, 1)  ←    20+300
    'ワークシート変数を使う
    Set シート2 = Worksheets("Sheet2")
    Set シート3 = Worksheets("Sheet3")
    Cells(3, 1) = シート2.Cells(3, 1) + シート3.Cells(3, 1)  ←   200+3000
End Sub
```

また、各シートで引用するデータは以下の通りです。

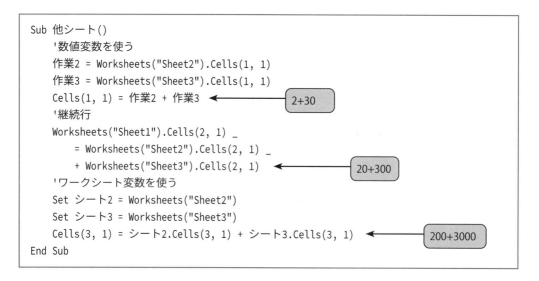

どれも、Sheet2 と Sheet3 のセルの加算結果を Sheet1 に求めています。

2.7.4 他シートに関するエラーとその対策

「エラー」フォルダの Erp207 他シート .xlsm には３つのマクロがあるので、順にみてみましょう。

(1) エラー1

　エラーメッセージが急に難しくなっていますが、意味する処は、通常の代入文では Worksheets(" 純正品 ") は代入できない、つまり Set 命令が必要だということです。

(2) エラー2

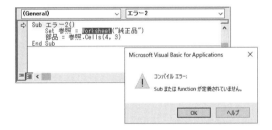

　ワークシートはたくさんある中の「純正品」シートですから、Worksheets(" 純正品 ") でなければなりません。

(3) エラー3

　Worksheets(" 純正品 ") が代入されているのは変数「マスター」ですが、引用しているのは変数「マスタ」で、マスタには何も入っていないというエラーです。

　このように、急にエラーメッセージが難しくなっていますが、第 4 章で少しは改善できるはずですから、それまでは丹念に調べて原因を見つけ出してください。原因は必ず存在します。

第3章

身近な具体例を見てみよう

この章では、マクロの具体例を見ることにしましょう。多くの事例に触れることは、マクロの基礎を築く上で大変重要です。さらに、だったらこういう使い方もできるのでは、といった応用力にもつなげてください。

3.1 最大公約数

ここでは、2つの自然数の最大公約数を求めます。単に最大公約数を求めるのであれば、ワークシートの GCD 関数で得られますが、繰り返しの例題としてマクロで計算してみましょう。

3.1.1 処理の概要

一般的に最大公約数を計算するには、2つの自然数を同じ数（公約数）で割り、これを同じ数で割れなくなるまで繰り返します。たとえば、32 と 24 の最大公約数であれば

$$4\overline{)32\ \ 24}$$
$$8\ \ \ 6$$

を得ます。さらにこれを 2 で割ります。

$$2\overline{)8\ \ 6}$$
$$4\ \ 3$$

　これ以上、同じ数で割れない（公約数がない）状態になったら、それまでに割った商をすべて掛け合わせた 4 × 2 = 8 が求める最大公約数という計算です。

　ただし、ここではよりコンピュータ向きなユークリッドの互除法という方法で最大公約数を求めます。それは、

　　　2 つの自然数の、大きい方を小さい方で割った余りを大きい方に代入する

という処理を繰り返すと、やがて大きい方はゼロとなり、そのときに残った小さい方が求める最大公約数という方法です。

3.1.2 最大公約数マクロ

　「サンプル」フォルダの Smp301 最大公約数 .xlsm を使ってみましょう。ここでは白抜きの 2 つのセルに、それぞれ自然数（1 以上の少数点を持たない整数）を入力し、計算ボタンを押すと、その最大公約数を計算します。

　なお、どちらか一方でもゼロがあるとエラーとなって、最大公約数を求めることはできません。

3.1.3 最大公約数マクロの処理内容

　最大公約数を求めるために、前述した「大きい方から小さい方を割った余りを大きい方に代入する」という処理を何回繰り返すか、それはやってみなければわかりません。回数ではなく、「大きい方がゼロでない間」という条件によって制御するために、ここでは、For 文ではなく Do While 文を用います。Do While 文の条件には繰り返しを継続するための条件（大きい方がゼロでない）を指定します。大きい方がゼロになったら繰り返しから抜け出すというわけです。
　なお、ここでは次の 2 つの変数を用いています。

● 変数「大」：大きい方の数を格納
● 変数「小」：小さい方の数を格納

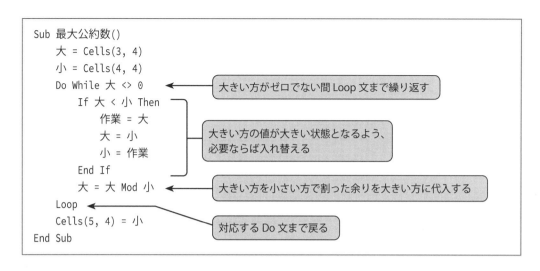

```
Sub 最大公約数()
    大 = Cells(3, 4)
    小 = Cells(4, 4)
    Do While 大 <> 0          ← 大きい方がゼロでない間 Loop 文まで繰り返す
        If 大 < 小 Then
            作業 = 大
            大 = 小              大きい方の値が大きい状態となるよう、
            小 = 作業            必要ならば入れ替える
        End If
        大 = 大 Mod 小         ← 大きい方を小さい方で割った余りを大きい方に代入する
    Loop                       ← 対応する Do 文まで戻る
    Cells(5, 4) = 小
End Sub
```

　画面にある、208 と 24 では、どのように最大公約数を求めているのか、トレースしてみましょう。

　はじめに、

```
大=24
小=208
```

と仮置きしてから、以下のように 4 回目には継続条件が満足できなくなり、ループから抜け出すことになります。

条件による繰り返し	1 回目		2 回目		3 回目		4 回目	
	大	小	大	小	大	小	大	小
Do While 大 <> 0	24	208	16	24	8	16	0	8
If 大 < 小 Then								
作業 = 大								
大 = 小	208		24		16			
小 = 作業		24		16		8		
End If								
大 = 大 Mod 小	(208)Mod(24)=16		(24)Mod(16)=8		(16) Mod (8)=0			
Loop								

　このとき、「小」に残った「8」が求める最大公約数です。

3.2 金種計算

金種計算とは、ある金額を紙幣や貨幣で用意するための必要量の計算です。最近では口座振込みや電子決済など現金を取り扱う機会は減少の一途をたどっていますが、かつては膨大な金種計算が必要とされていました。では、その様子を見てみましょう。

3.2.1 処理の概要

金種別必要量とは、たとえば 47,800 円を現金で用意するには

10,000 円	4 枚
5,000 円	1 枚
1,000 円	2 枚
500 円	1 枚
100 円	3 枚

が必要になるという計算です。

ただし、金種別必要量は合計支給額ではなく、個別の支給額から計算した必要量の合計を求めなければならず、計算量が膨れ上がることになります。

3.2.2 金種計算マクロを使ってみよう

ではさっそく、「サンプル」フォルダにある Smp302 金種計算 .xlsm を読み込み、マクロを有効にして金種計算ボタンをクリックして見ましょう。

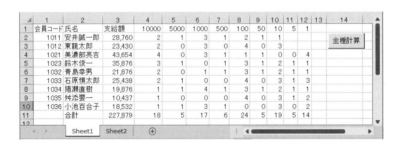

　支給額をマイナスにすると、必要量もマイナスとなり、支給ではなく回収量を計算します。な
お、氏名、支給額は金種別必要量の例であり、特段の意味はありません。では、金額や対象者を
増減して金種別の必要量を計算してみましょう。

3.2.3　金種計算マクロの処理内容

①初期設定

　まず、前回の計算結果をクリアし、データの終端から " 合計 " を格納する行を「終行」に求め
ます。

```
Sub 計算()
    'クリア
    終行 = 2
    Do While Cells(終行, 1) <> ""
        For 列 = 4 To 12
            Cells(終行, 列) = ""
        Next 列
        終行 = 終行 + 1
    Loop
```

　ここでは 1 列目の「会員コード」欄を終端のより所としているため、「合計」行の会員コードは
空欄でなければなりません。

②個別の金種別必要量の計算

```
    '個別必要量
    For 行 = 2 To 終行
        支給額 = Cells(行, 3)
        列 = 4
        Do Until 支給額 = 0
            Cells(行, 列) = 支給額 ¥ Cells(1, 列)
            支給額 = 支給額 Mod Cells(1, 列)
            列 = 列 + 1
        Loop
    Next 行
```

　金種別必要量は、対象者ごとに求めなければなりませんので、対象者の数だけ繰り返すことに

なります。その金種別必要量は、金額の大きい金種 10、000 円の必要量から始めます。

```
Cells(行, 4).Value = 支給額 ¥ Cells(1, 4).Value
```

このとき、支給額から 10、000 円の必要量を差し引いた残額を支給額とします。

```
支給額 = 支給額 Mod Cells(1, 4).Value
```

10,000 円に続いて 5,000 円の必要量を計算します。

```
Cells(行, 5).Value = 支給額 ¥ Cells(1, 5).Value
支給額 = 支給額 Mod Cells(1, 5).Value
```

5,000 円の次は 1,000 円の必要量計算です。

```
Cells(行, 6).Value = 支給額 ¥ Cells(1, 6).Value
支給額 = 支給額 Mod Cells(1, 6).Value
```

というように、額の大きい金種から計算し、支給額がゼロになるまで繰り返します。

③合計計算

　金種別の必要量はこれまでに求めた必要量を合計します。ただし、ここでは支給額の合計も計算するため、3 列目から 12 列目までの合計を繰り返しています。

```
    '合計
    Cells(終行, 2) = "合計"
    For 列 = 3 To 12
        Cells(終行, 列) = 0
        For 行 = 2 To 終行 − 1
            Cells(終行, 列) = Cells(終行, 列) + Cells(行, 列)
        Next 行
    Next 列
End Sub
```

3.3 面積電卓

　我が国においては、メートル法が普及しているものの、面積については古来からの固有の単位が、現在も広く使われています。ここでは、わが国固有の面積単位をメートル法（平方メートル）に換算するマクロについて見てみましょう。

3.3.1 処理の概要

　ここでは、以下の面積単位について計算します。なお、対応する平方メートルの値については丸目に伴う誤差を含んでいます。

単位	備考	平方メートル
坪	6 尺× 6 尺	3.306
畝	30 坪	99.174
反	10 畝	991.736
町歩	10 反	9917.355

3.3.2 面積電卓マクロを使ってみよう。

　では、「サンプル」フォルダの中から、Smp303 面積電卓 .xlsm を読み込み、マクロを有効にしてみましょう。

　面積（4 行目 3 列目）に任意の数値を入力し、単位（4 行目 5 列目）に 1 ～ 4 を入力し、「面積計算」ボタンをクリックすると、メートル法に換算した面積を 4 行目 7 列目に表示します。さま

ざまな単位の値を入力して、計算してみましょう。

なお、結果（4行7列目）のセルには、小数点以下3ケタを表示する書式を設定しています。

3.3.3 面積電卓マクロの処理内容

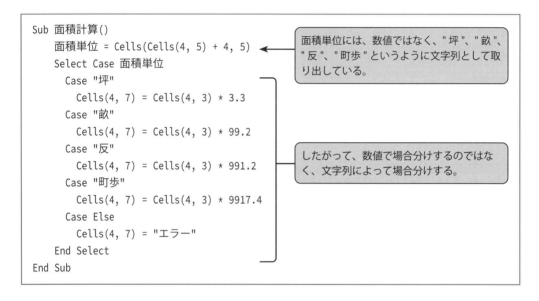

```
Sub 面積計算()
    面積単位 = Cells(Cells(4, 5) + 4, 5)
    Select Case 面積単位
      Case "坪"
        Cells(4, 7) = Cells(4, 3) * 3.3
      Case "畝"
        Cells(4, 7) = Cells(4, 3) * 99.2
      Case "反"
        Cells(4, 7) = Cells(4, 3) * 991.2
      Case "町歩"
        Cells(4, 7) = Cells(4, 3) * 9917.4
      Case Else
        Cells(4, 7) = "エラー"
    End Select
End Sub
```

面積単位には、数値ではなく、" 坪 "、" 畝 "、" 反 "、" 町歩 " というように文字列として取り出している。

したがって、数値で場合分けするのではなく、文字列によって場合分けする。

ここでは単位の場合分けに Select Case 文を用いています。ただし、単位を示す数値（1 〜 4）ではなく、対応する単位（" 坪 " 〜 " 町歩 "）という文字列によって場合分けをしています。

3.4 アルコール電卓

アルコール電卓とは、飲酒の量と、その分解、すなわち飲む前の状態に戻るために必要な時間を求める計算器です。

3.4.1　アルコール分解の時間計算

　アルコールの飲み方や、飲んでからの過ごし方、性別や、体質などの個人差も大きく、あくまで概算ではありますが、一般的には、以下の2ステップによって求めることができます。

①飲酒の純アルコール総量

　飲酒といっても、同じアルコールだけを飲み続ける場合や、いろいろなお酒を飲むいわゆるチャンポンなど、さまざまですが、ここでは純アルコールの総量を求めます。純アルコール量とは、たとえば、500ml缶で含有率5%のビール2本を飲んだとすれば、

　　500ml × 0.05 × 2 × 0.8 = 40ml

となり、40mlの純アルコールを摂取したことになります。

②アルコールの分解時間

　つづいて、飲んだ純アルコールの総量を1時間当たりの分解量で割り、分解時間を計算します。なお、1時間当たりのアルコール分解量は、性別や人種、体質などの個人差が大きく、ここでは、内閣府の「アルコールと運転技能」に関する調査による、男性で6〜13ml、女性で3.5〜10.5mlという調査結果に基づき計算します。

3.4.2　アルコール電卓を使ってみよう

　それでは「サンプル」フォルダのSmp304アルコール電卓を読み込み、マクロを有効にして、お酒を飲んだ人の性別、アルコール体質と飲んだお酒の量を入力し、「計算」ボタンをクリックします。すると、アルコールの分解に必要な時間を計算します。

①必須項目の入力

　まず、必須項目として、性別は1、2、体質は1、2、3のいずれかを入力します。これらが正しくない場合には、以下のエラーが表示されます。

②飲酒量

　つづいて、飲んだ量を8行目の該当するお酒の種類ごとに入力し、「計算」ボタンをクリックします。

　なお、ここで表示されている1.91時間は、1時間と91分ではなく1時間と60×0.91のことで、1時間55分を示します。

③酒類の追加

ここに表示されていないお酒、たとえばウォッカを飲んだ場合には、10列目にアルコール含有率、1杯の量とともに、飲んだ量を入力します。

④一杯の量の変更

また、たとえばビールであれば、350ml 缶ではなく 500ml 缶や、ウィスキーのシングルではなくダブルというように一杯の量を変更するには、7 行目を書き換えることによって、変更します。

3.4.3　アルコール電卓マクロの処理内容

アルコール分解時間の計算は、次の 2 ステップによって行います。

①1 時間当たりの分解量

マクロでは、入力データのエラーチェックを兼ねて、先に、1 時間当たりの分解量を求めています。

```
Sub 計算()
    '1時間当たりのアルコール分解量
    性別 = Cells(3, 4)
    体質 = Cells(3, 7)
    分解量 = Worksheets("Sheet2").Cells(性別 + 1, 体質 + 1)
    If 0 < 分解量 Then
```

入力された性別と体質から "Sheet2" にある単位時間あたりの分解量を引用します。もし、これがゼロであれば、性別または体質に何らかのエラーがあるものと判定します。

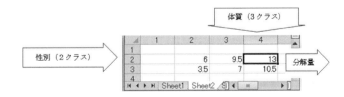

②純アルコール総量と分解時間

```
        '飲酒の純アルコール量と分解時間
        総量 = 0
        For 列 = 4 To 10
            総量 = 総量 + (Cells(7, 列) * Cells(6, 列) / 100) * Cells(8, 列) * 0.8
        Next 列
        時間 = 総量 / 分解量
        Cells(9, 10) = 時間
    Else
        MsgBox ("性別、体質を正しく選択してください。")
    End If
End Sub
```

飲んだアルコールに含まれている純アルコール量を算出します。

ここでは、1 単位当たりの容量（7 行目）に、含有率（6 行目）をかけ、さらに単位数（8 行目）をかけ、その 8 割を純アルコール量として計算します。

たとえば、500ml の缶ビール 2 本を飲んだとすれば、

$$500ml \times 0.05 \times 2 \times 0.8 = 40ml$$

となり、40ml の純アルコールを摂取したことになります。

これはアルコールの種類（列）ごとに計算するため、4 列目から 10 列目について繰り返します。

③クリアマクロ

```
Sub クリア()
    Cells(3, 4) = ""
    Cells(3, 7) = ""
    For 列 = 4 To 10
        Cells(8, 列) = ""
    Next 列
    Cells(9, 10) = ""
End Sub
```

Sheet1 の白抜きとなっているセルを全て消去します。

3.5 メタボ判定

メタボリックシンドロームとは、男性では腹囲 85cm 以上、女性では腹囲 90cm 以上の場合、内臓脂肪の過剰蓄積が動脈硬化を促進して重篤な病気につながるとされるリスクのことです。ただし、単に腹囲だけではなく、脂質異常、高血糖、高血圧など含めて総合的に判断される病態です。ここでは、マクロによる診断について見てみましょう。

3.5.1 処理の概要

一般に、メタボリックシンドロームは以下の判断基準によって判定されます。

必須	ウェスト周囲径		男性：85cm 以上
			女性：90cm 以上
選択 3 項目中 2 項目	脂質異常（2 項目中 2 項目）	中性脂肪	150mg/dl 以上
		HDL コレステロール	40mg/dl 未満
	高血圧（2 項目中 2 項目）	収縮期（上）	130mmHg 以上
		拡張期（下）	85mmHg 以上
	空腹時高血糖		110mg/dl 以上

つまり、必須項目と、3 分の 2 以上の選択項目によって、判断されます。

3.5.2 メタボ判定マクロを使ってみよう。

では、「サンプル」フォルダの中から、Smp305 メタボ判定 .xlsm を読み込み、マクロを有効にしてみましょう。

データを追加する場合には 10 行目以降に、空白行を開けずに入力してください。

データが揃ったら、「判定」ボタンをクリックすると、以下のような結果が表示されてきます。

	1	2	3	4	5	6	7	8	9	10	11	1
1	MS診断											
2	測定日	年齢	性別	腹囲 男性 >=85 女性 >=90	1)脂質異常 中性脂肪 35-149	HDLコレステロール <40	2)高血圧 収縮期(上) >=130	拡張期(下) >=85	3)血糖 空腹時血糖 >=110	判定		判定
4	1970/7/4	32	男	68	104	66	116	67	87	非対象		
5	1980/9/10	37	女	57	112	47	123	54	88	非対象		
6	1995/10/3	40	男	89	150	54	138	66	108	経過観察		
7	2005/7/1	50	男	92	167	30	128	80	106	要注意		
8	2015/7/1	60	男	95	167	30	145	90	104	改善開始		
9	2020/7/1	65	男	93	187	30	167	90	120	危険警告		

　なお、ここでの「判定」ではメタボリックシンドロームに該当するか／しないかという2択ではなく、以下のような段階によって判定しています。

「判定」	基準	
非対象	必須項目（ウェスト周囲径）が基準未満	
経過観察	選択項目の3項目がすべて該当していない。ただし、ウェスト周囲径は基準を超えているので「正常」とはいい難い	
要注意	選択項目の3項目中1項目が該当している	
改善勧告	選択項目の3項目中2項目が該当している	メタボリックシンドローム
危険警告	選択項目の3項目がすべて該当している	

3.5.3 メタボ判定マクロの処理内容

マクロ全体がすべての行を調べるための繰り返しによって構成されています。

```
Sub MS判定()
    '全ての行について調べる
    行 = 4
    Do Until Cells(行, 1).Value = ""        ← 4行目から出発してデータが無くなるまで繰り返す
        '必須項目
        性別 = Cells(行, 3).Value
        If 性別 = "男" Then 腹囲基準 = 85 Else 腹囲基準 = 90
        If 腹囲基準 <= Cells(行, 4) Then        ← 必須項目
            '選択項目
            レベル = 0
            If 150 <= Cells(行, 5) And Cells(行, 6) < 40 Then レベル = レベル + 1
            If 130 <= Cells(行, 7) And 85 <= Cells(行, 8) Then レベル = レベル + 1
            If 110 <= Cells(行, 9) Then レベル = レベル + 1
            '選択項目のレベルによるクラス分け
            Select Case レベル        ← 選択項目
```

```
                Case 0
                  Cells(行, 10).Value = "経過観察"
                Case 1
                  Cells(行, 10).Value = "要注意"
                Case 2
                  Cells(行, 10).Value = "改善勧告"
                Case 3
                  Cells(行, 10).Value = "危険警告"
              End Select
          Else
              Cells(行, 10).Value = "非対象"
          End If
          行 = 行 + 1
      Loop          ←── 対応する Do 文まで戻る

End Sub
```

　まず、必須項目すなわちウェスト周囲径が基準を超えているか判定します。超えていなければ非対象を表示して、次の行（データ）に移ります。なお、必須項目の基準値は性別によって基準値が異なるので、性別によって腹囲基準を設定してから判定しています。

　次に選択項目ですが、3項目中いくつの項目が当てはまるかを変数「レベル」にカウントしますので、結果的に「レベル」は0～3の値を取ることになります。その「レベル」による Select Case 文によってクラス分けしています。

　なお、選択項目の脂質異常と高血圧は、2項目中2項目、2つ共に該当するか調べなければなりません。2つの条件を共に満足するか調べるには AND という論理演算子が便利です。AND という演算子は「共に」、「かつ」という条件に用いられます。

```
If 150 <= Cells(行, 5) And Cells(行, 6) < 40 Then レベル = レベル + 1
```

　もし、脂質異常と高血圧の条件が、2項目中2項目ではなく、2項目中1項目というように条件を緩くする場合にはどうしたらいいでしょうか。

脂質異常（2項目中1項目）	中性脂肪	150mg/dl 以上
	HDL コレステロール	40mg/dl 未満
高血圧（2項目中1項目）	収縮期（上）	130mmHg 以上
	拡張期（下）	85mmHg 以上

このように、2 つのうちどちらか一方の条件を満足しているか調べる場合には AND ではなく OR 論理演算子を用います。OR とは「または」という条件に用いられます。

```
If 150 <= Cells(行, 5) Or Cells(行, 6) < 40 Then該当項目＝該当項目＋1
```

3.6 日の丸

今度は「サンプル」フォルダの Smp306 日の丸 .xlsm の Sheet1 について見てみましょう。

3.6.1 日の丸マクロを実行してみよう

このシートは

- セルの書式で列の幅を 1.5
- 表示のズームで倍率を 50%

に縮小したものです。

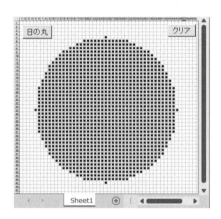

表示の倍率を元の 100% に戻すと、以下のように各セルには

- Empty（何もない部分）

- ● ■（黒く見える部分）

のいずれかが設定されていることが確認できます。

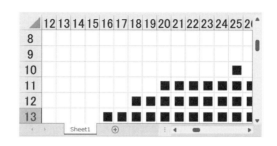

　「クリア」ボタンを押すと、シートがクリアされ、「日の丸」ボタンを押すと、赤ではありませんが黒丸を描きます。

3.6.2 日の丸マクロの処理内容

①グラフエリアとしてのワークシート

　ここでは、ワークシートを円を描くためのグラフエリアに見立てています。すなわち、始点 (1, 1) から終点 (50, 50) までのワークシートのセルを円を描く点（ドット）として、セル (25, 25) を円の中心として、半径 20 セルの円を描きます。

　なお、座標の Y 軸（行）は、下から上に向かって値が大きくなりますが、行番号はその向きが逆転（上から下に大）しています。ただし、円を描くためには何ら支障はありませんので、セル番地の行を座標の Y 軸に対応させています。

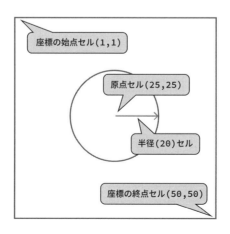

②クリアマクロ

では、まずクリアマクロから見てみましょう。

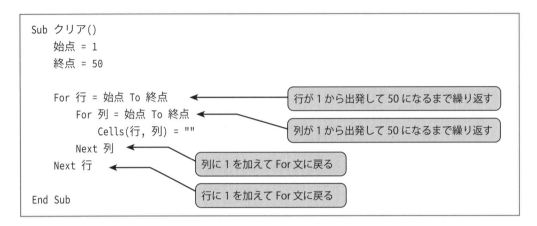

```
Sub クリア()
    始点 = 1
    終点 = 50

    For 行 = 始点 To 終点          ← 行が 1 から出発して 50 になるまで繰り返す
        For 列 = 始点 To 終点      ← 列が 1 から出発して 50 になるまで繰り返す
            Cells(行, 列) = ""
        Next 列                    ← 列に 1 を加えて For 文に戻る
    Next 行                        ← 行に 1 を加えて For 文に戻る

End Sub
```

ここでは、各セルを以下のような**For 文の入れ子**による 2 重の繰り返しによって、クリアします。

「行」を 1 から 50 まで繰り返す For 文の中に、「列」を 1 から 50 まで繰り返す For 文を入れ子にすることで、50 × 50 の 2 重の繰り返し構造によって、先に実行される内側（列）のループを外側のループが繰り返すことになります。

外側（行）	1						50		
内側（列）	1	…	50	1	…	50	1	…	50

この 2 重のループによって、正方形の座標全体をクリアしています。

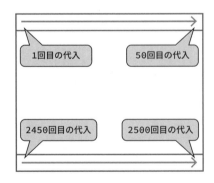

③日の丸マクロ

では、日の丸を描くマクロを見てみましょう。

```
Sub 日の丸()
    始点 = 1
    終点 = 50
    原点 = 25
    半径 = 20 * 20

    For 行 = 始点 To 終点
        For 列 = 始点 To 終点
            距離 = (行 - 原点) * (行 - 原点) + (列 - 原点) * (列 - 原点)
            If 距離 <= 半径 Then Cells(行, 列) = "■"
        Next 列
    Next 行
End Sub
```

これも基本的にはクリアマクロと同じ、For 文の中に For 文を入れ子にする 2 重の繰り返しの中で、処理対象セル（行、列）が円の内側か外側かを判定するために、円の方程式によって原点からの距離を求めます。

$$原点からの距離 = \sqrt{(行 - 原点)^2 + (列 - 原点)^2}$$

ただし、厳密な距離を求めなくても、円の内側か外側かを判定するためには二乗の距離でも十分です。平方根（ルート）を開かずに、

距離の二乗 = (行 - 原点) * (行 - 原点) + (列 - 原点) * (列 - 原点)
半径の二乗 = 20 * 20

から、以下の 2 つに振り分けます。

● 原点からの距離の二乗 ≦ 半径の二乗 ⇒ 円の内側（処理対象セルに■を格納）
● 原点からの距離の二乗 ＞ 半径の二乗 ⇒ 円の外側（処理不要）

3.7 検索

ワークシートの連続したセルにあるデータベースから、条件に合うデータを検索するという処理は VLOOKUP 関数や HLOOKUP 関数によっても可能ですが、マクロではさらに込み入った条件による検索ができます。ここでは、そうした検索の例を見てみましょう。

3.7.1 「検索」マクロを使ってみよう

では、「サンプル」フォルダの中から、Smp307 検索 .xlsm を読み込み、マクロを有効にしてみましょう。

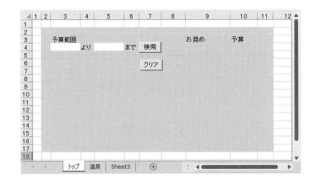

このマクロは、我が国に点在する名湯秘湯の中から、予算範囲に収まる温泉を見つけ出します。なお、下限、上限は省略すると、無制限として処理します。

たとえば、上限を省略すると青天井つまり「いくら高くてもいい」という検索をすることになります。

それでは上限、下限に適当な値を入力して「検索」ボタンをクリックしてみましょう。

なお、「クリア」ボタンは、そうした検索結果をクリアします。

3.7.2 「検索」マクロの処理内容

①前提条件

このマクロの検索対象は価格の「昇順」に並べられていなければなりません。もし検索対象の
データ並びが昇順ではなく、降順やランダムであれば、このマクロの検索結果は全く意味のない
ものとなってしまいます。

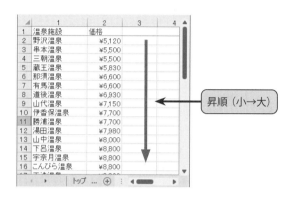

②準備

ではプロシージャの処理内容を見てみましょう。実際に検索に入る前に、初期設定を行ってい
ます。

```
Sub 検索()
    '準備
    下限 = Cells(4, 3)
    上限 = Cells(4, 5)
    If Cells(4, 5) = "" Then 上限 = 9999999
    Set 温泉 = Worksheets("温泉")
    検索行 = 2
    出力行 = 4
```

下限が省略された場合はゼロが指定されたものと解釈しますが、上限が省略された場合は、
9999999 と置き換えています。つまり、9999999 円以上の温泉は存在しないことが条件です。

③下限の検索

```
    '下限の検索
    Do Until 温泉.Cells(検索行, 1) = ""
        If 下限 <= 温泉.Cells(検索行, 2) Then Exit Do
        検索行 = 検索行 + 1
    Loop
```

　これは、検索対象のうち、下限に満たないものは、切り捨てるためのループです。したがって、下限以上の検索値が現れた段階で、繰り返しから抜け出します。

④上限の検索

```
    '上限の検索
    If 温泉.Cells(検索行, 1) <> "" Then
        Do Until 温泉.Cells(検索行, 1) = ""
            If 上限 < 温泉.Cells(検索行, 2) Then Exit Do

            Cells(出力行, 9) = 温泉.Cells(検索行, 1)
            Cells(出力行, 10) = 温泉.Cells(検索行, 2)
            検索行 = 検索行 + 1
            出力行 = 出力行 + 1
        Loop
    End If

End Sub
```

　この段階で、検索対象がまだ残っている場合に、残りの検索対象のうち、条件を満たすものを取り出すためのループです。したがって、上限を超える検索値が現れた段階で、繰り返しから抜け出します。

第2部 ■ 応用編

第4章

飛躍のための準備

　さて、これまではできるだけマクロを簡潔に作ることを優先し、必要最小限の機能に絞って作成してきました。それは、作り手の負担を減らすためですが、それでも、これまでに見てきたようにかなりのマクロを作ることは可能ですし、自分で作ったマクロを自分で利用するという限り、特に不自由はないかもしれません。

　しかし、マクロを作ったご自身ではなく、第三者が使うとなると、

- できるだけ、簡潔で分かり易く使える
- 使い手の多少の誤操作やエラーに耐える

ことを目指したくなるのもごく自然な成り行きです。つまりは多少の「面倒くささ」よりも使い手の負担を減らす、

- 使い手にとって使いやすい

マクロを目指そうというわけです。

　まずはそうしたマクロを作るための準備から始めることにしましょう。

4.1 オブジェクト式

VBA の命令には以下のオブジェクト式があります。

オブジェクト.プロパティ
オブジェクト.メソッド

これまでも触れてはいるのですが、改めて整理してみましょう。

4.1.1 オブジェクト式の構成要素

オブジェクト式の「.」（ドット）の左側をオブジェクトといい、処理の対象を示します。

(1) コレクションとオブジェクト

処理の対象とは、

● Workbook オブジェクト：Workbooks コレクションの中の 1 つの構成要素
● Worksheet オブジェクト：Worksheets コレクションの中の 1 つの構成要素
● Range オブジェクト：Worksheet の構成要素としてのセルまたはセル範囲

というように、コレクションの中からオブジェクトとして特定します。

たとえば、あるブックに、いくつかのワークシートが存在するとき、以下のようにシートを特定します。

コレクション	名前による指定	順番（インデックス番号）による指定
Worksheets	Worksheets("Sheet1")	Worksheets(1)
Sheets	Sheets("Sheet1")	Sheets(1)

なお、**Worksheets** はワークシートのみのコレクションを表し、**Sheets** はグラフなどの他の種類のシートを含むコレクションを示します。もし、ワークシートしか扱わないブックであれば、Worksheets と Sheets は同義語となります。

(2) オブジェクトの階層表現

これらのオブジェクトは、たとえばあるワークブックにはいくつものワークシートが存在し、そのワークシートにも多数のセルが存在しているように、階層構造となっています。そうした階層構造は、たとえば住所を、

日本国東京都新宿区百人町

といった階層構造で示すように、オブジェクトも含む含まれるという特性を利用して、階層構造を上位から下位へ「.」（ドット）で結んで表します。たとえば、サンプル .xlsm ブックにある Sheet1 ワークシートにある A1 セルならば、

```
Workbooks("サンプル.xlsm").Worksheets("Sheet1").Range("A1")
```

といった具合です。

(3) メソッド

メソッドとは機能や操作という意味で、

```
オブジェクト.メソッド
```

として用い、オブジェクトに対応した機能を示します。本書では以下のメソッドについて解説しています。その使い方などの詳細は順を追って解説しますので、メソッドの例として見ておいてください。

Activate	オブジェクトをアクティブにする
Add	オブジェクトに追加する
Clear	オブジェクトをクリアする（すべてのプロパティ）
ClearContents	オブジェクトの内容（文字、計算式）をクリアする
Copy	オブジェクトをクリップボードにコピーする
Delete	オブジェクトを削除する
Paste	クリップボードの内容をオブジェクトに貼り付ける
Save	オブジェクト（ブック）を上書き保存する
SaveAs	オブジェクト（ブック）を名前を付けて保存する
Select	オブジェクトを選択する

　たとえば、アクティブセルやアクティブシートを切り替えるには以下の Select メソッドや Activate メソッドを用います。

Range("B2:C5").Select	セル範囲（"B2:C5"）を選択する
Range("B2").Activate	セルポインタを B2 に移す
Worksheets("Sheet2").Select	Sheet2 を選択する
Sheets("Sheet2").Activate	Sheet2 をアクティブにする

　これらは、マウスボタンによる選択操作を VBA の命令として表しています。

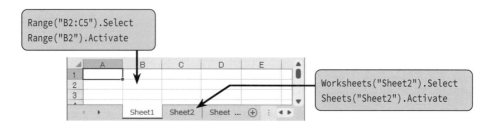

　以上のように、Activate メソッドも Select メソッドも、ワークシートやセル、セル範囲を指定するために用いますが、その違いは、次節のプロパティと合わせて説明します。

(4) プロパティ

　つづいて、プロパティについて見てみましょう。プロパティとは資産、所有物、特性のことで、

```
オブジェクト.プロパティ
```

として指定します。
　なお、プロパティには次の 2 種類があります。

①属性情報を表すプロパティ

　属性情報とは、対象物が持つ特性を表すデータのことです。たとえばセルでは、背景色や文字の色、文字種や大きさ、斜体や太字、セルの値など、多くの属性情報を持っています。
　これまでは、ワークシートのセルまたはセル範囲を

```
Cells(行,列)
Range(セル番地)
```

というように参照してきましたが、これは、

```
Cells(行,列).Value
Range(セル番地).Value
```

というオブジェクト式の Value プロパティを省略したもので、**Value** プロパティとはオブジェクトが保持する値を示し、これを省略すると Value というプロパティがあるものと見なされます。無くてもそう解釈されるのであれば、「無くてもいいのでは？」という見方もありますが、後述するエラーなど予期せぬ結果をもたらす場合もあり、何を示すのかを明示する意味でも、Value プロパティを省略せずにきちんと明示しようというわけです。

　なお、属性情報を表すプロパティでは、単なる代入ではなく、設定、取得として方向を表します。

プロパティの設定	プロパティの取得
プロパティに代入演算子を用いて、具体的なデータを代入すること Cells(1,1).Value = 100 Range("A2").Value = 200	プロパティに登録されているデータを取り出すこと 始め = Cells(1,1).Value 終り = Range("A2").Value

②構成要素を示すプロパティ

　プロパティの中には以下のように、構成要素をオブジェクトとして示すものがあり、これらはオブジェクトを返すプロパティといいます。何ともややこしい限りですが、プロパティを設定することでオブジェクトを取得するというわけです。

プロパティ（指定）	返すオブジェクト（戻り）
ActiveWorkbook	Activate メソッドで選択した単一のブック
ActiveSheet	Select または Activate メソッドで選択した単一のシート
ActiveCell	Select または Activate メソッドで選択した単一のセル（Range オブジェクト）
Selection	Select メソッドによって選択したオブジェクト（それがセルであれば、Range オブジェクト）
Range("A1:C3") Cells(1,3) Rows(1) Columns(2)	セルやセル範囲を示す Range オブジェクト

つまり、セルやセル範囲を示すプロパティはすべて Range オブジェクトを返します。したがって、

```
Cells(1,1).Value = 100
```

という代入文は

```
変数 = Cells(1,1)
変数.Value = 100
```

というように 2 段階に展開され、このとき、「変数」に格納されるのが Range オブジェクトで、そのために Value プロパティが必要になるというわけです。

4.1.2 オブジェクト式の具体例

オブジェクト式の具体例として、「サンプル」フォルダにある Smp401 セル .xlsm を見てみましょう。

(1)「選択」マクロ

始めに、Smp401 セル .xlsm の Sheet1 にある 2 つのマクロについて見てみましょう。以下は「Select」ボタンのマクロとその実行結果です。

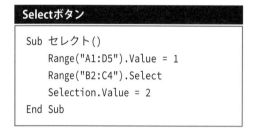

実行結果

ここでは以下が確認できます。

● Select メソッドでは、複数のセル、すなわちセル範囲を選択することができる。
● Selection プロパティは、その選択範囲（複数のセル、セル範囲）を示す。

また、以下は「Activate」ボタンのマクロとその実行結果です。

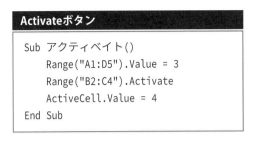

同様に、ここでは以下が確認できます。

● Activate メソッドも、複数のセル、すなわちセル範囲を選択することができる。
● ActiveCell プロパティは、あくまで単一セル（左上隅のセル）を示す。

なお、セルやセル範囲に値やプロパティーを設定する場合には、以下のように直接指定が推奨されます。

```
Range("A1:D5").Value = 1
```

逆に、以下のような Selection プロパティや ActiveCell プロパティを経由する間接指定は止むを得ない場合を除いて避けるべきです。

```
Selection.Value = 2
ActiveCell.Value = 4
```

これらは、プロパティーの設定と引用が分離しているために、

● マクロの解読に当たっては、順を追って追跡しなければならない。
● ステップ実行中に、選択状態が変更できてしまうため、誤操作する可能性がある。
● ActiveCell は単独セルしか示せない。

など弊害も多く、どうしても直接指定ができない場合に限定して利用することが求められます。

(2) 複写元の設定

つづいて、Sheet2 にある「複写元」マクロを見てみましょう。セルの複写について確認するための複写元を実行結果のように設定しています。

実行したマクロ

```
Sub 複写元()
    Cells(3, 3).Value = 89345
    Cells(3, 4).Value = 48
    Cells(3, 5).Value = 794
    Cells(4, 3).Value = 2186
    Cells(4, 4).Value = 32
    Cells(4, 5).Value = 438
    Range("C3").NumberFormatLocal = "¥#,##0"
    Cells(4, 3).NumberFormatLocal = "¥#,##0"
    Range("D3").Font.Size = 16
    Cells(4, 4).Font.Size = 16
    Range("D3").Font.Italic = True
    Cells(4, 4).Font.Italic = True
    Range("E3").Font.Bold = True
    Cells(4, 5).Font.Bold = True
End Sub
```

実行結果

※セルの塗りつぶしはワークシートに設定済で、マクロに含まれていません。

ここでは以下のメソッドおよびプロパティを利用しています。

① Value プロパティ

省略すれば、Value プロパティと見なされるので、省略してもいいのですが、他のプロパティ同様に明記しています。

② NumberFormat プロパティ

セルが持つ書式を設定、取得するには、以下の2つのプロパティがあります。

NumberFormat	セルの書式を表す
NumberFormatLocal	通貨記号のように、地域や国に依存する書式を区分する

スペルの長いプロパティやメソッドの入力には、VBE の自動メンバー表示機能が使えますから、心配せずに見ておいてください。

③ Font プロパティ

ワークシートのセルには **Font** プロパティがありますが、この Font プロパティはさらに以下のようなプロパティを含み、これらのオブジェクトとなります。つまり、

```
Workbooks("ワークブック名").Worksheets("ワークシート名").Range("セル番地").Font.
```

という階層構造をオブジェクトとして以下のプロパティが展開されます。

Font をオブジェクトとするプロパティ	意味
Name	名前
Size	大きさ
Bold	太字
Italic	斜体

(3)「複写1」ボタン

以下は、「複写1」マクロとその結果です。

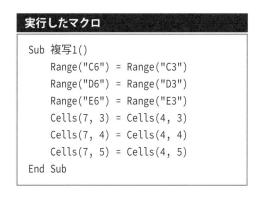

実行したマクロ

```
Sub 複写1()
    Range("C6") = Range("C3")
    Range("D6") = Range("D3")
    Range("E6") = Range("E3")
    Cells(7, 3) = Cells(4, 3)
    Cells(7, 4) = Cells(4, 4)
    Cells(7, 5) = Cells(4, 5)
End Sub
```

実行結果

このマクロではこれまでのように、Value プロパティを省略してセルまたはセル範囲を代入しています。したがって、値だけを写し、書式などセルが持つプロパティを写すことはできません。

(4)「複写2」ボタン

以下は「複写2」マクロとその結果です。

実行したマクロ

```
Sub 複写2()
    Range("C3:E3").Copy _
            Destination:=Range("G6")
    Cells(4, 3).Copy Destination:=Cells(7, 7)
    Cells(4, 4).Copy Destination:=Cells(7, 8)
    Cells(4, 5).Copy Destination:=Cells(7, 9)
End Sub
```

実行結果

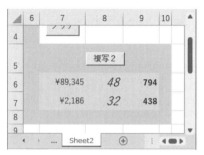

ここでは、値だけでなく他のプロパティも含めて複写するために **Copy メソッド**を利用しています。

```
Range("C3:E3").Copy Destination:=Range("C6")
```

なお、ここで用いている「**:=**」は代入演算子ではなく、引数に値を設定することを示します。つまり、Copy メソッドの **Destination** という引数に具体的な値を設定します。Copy & Paste をまとめて行うメソッドで、貼り付け先を指定します。また、コピー先、コピー元ともに Range プロパティではなく Cells プロパティを指定することも可能です。

```
Cells(4, 3).Copy Destination:=Cells(7, 3)
```

どちらも、値ばかりでなく、そのセルの持つプロパティを含めて複写します。

以上のように、セルにはさまざまなプロパティが付随しているので、これからは、

```
Value
```

というプロパティを省略せずに明記して値の設定、取得を行おうというわけです。

(5) クリア

では、最後に、「クリア」ボタンに対応したマクロを見てみましょう。ここではセル内容をクリアするために以下の2つのメソッドを使っています。

Clear	すべてのプロパティ―を含めてクリアーする
ClearContents	値、計算式だけをクリアーする

```
Sub クリア()
    Range("C3:E4").ClearContents
    Range("C6:E7").Clear
    Range("G6:I7").Clear
End Sub
```

実行前 　　　　　　　　　　　　　　　　　実行後

複写元では塗りつぶしを残すために ClearContents メソッドで、複写先は Clear メソッドで塗りつぶしも含めてクリアしています。

4.1.3　オブジェクト式の作り方

オブジェクトやプロパティ、メソッドの中には、つづりの長い予約語が用いられています。これらも予約語ですから、つづりを1文字誤っただけでも正しく解釈してくれません。そこで、その入力には、VBE の**自動メンバ表示**機能が便利です。以下、その使い方を中心に効率的な入力方法と留意点を見てみましょう。

(1) 自動メンバー表示機能の活用

VBE の自動メンバー表示機能には以下の2つの用途があります。

①先頭文字で絞り込む

たとえば、「W」をタイプして［Ctrl］＋［スペース］キーを押すと、W から始まる予約語の候補の一覧が表示されます。

カーソルキーを使って青色の強調表示を目的の予約語まで移動して［Tab］を押すか、目的の予約語をマウスポインタでダブルクリックすることで、その予約語を入力することができます。タッチ数を減らすばかりでなく、スペルミスを防ぐことができます。

②選択可能なメンバーを表示する。

たとえば、オブジェクトに続けて「.」（ドット）をタイプすると、そのオブジェクトを対象としたプロパティやメソッドを一覧表示することができます。この一覧表示も、青色の強調表示を目的の予約語まで移動して、［Tab］キーを押すかマウスポインタでダブルクリックすることで入力します。

たとえば、以下は、「Range("A1").」までタイプして表示される Range オブジェクトのプロパティやメソッドの候補を一覧表示で、この中からメンバーを選択することができます。

ここでも先頭文字、たとえば、「S」をタイプしてから［Ctrl］＋［スペース］キーを押すと、S から始まる候補の一覧に絞り込むことができます。

③選択可能なメンバーを強制表示する。

　ただし、オブジェクトの中には、選択可能な候補の一覧を表示できない場合があります。どうしても一覧表示させたい場合は、オブジェクトにする前のコレクションやプロパティの段階で一覧表示させ、一覧から予約語を入力してから、具体的なオブジェクトに追加修正します。

一覧表示	プロパティやメソッドを確定してからオブジェクトを修正
Workbooks().	Workbooks(" サンプル .xlsm").Activate
Worksheets().	Worksheets("Sheet1").Select
Cells().	Cells(行 , 列).Font

④どうしてもメンバー表示できない場合

　たとえば、以下のように、実行しなければそのオブジェクトが特定できない場合には、どうしても一覧表示させることはできません。

Activesheet　　ワークシートやグラフシートなど何が選択されるか不明

Selection　　　何が選択されているか、判別不明

　このように候補一覧を表示することができなければ、他からコピー & ペーストしたり、最悪はキータイプしなければなりません。

(2) 自動クイックヒント機能の活用

　これは関数やメソッドに求められる引数を案内する機能です。

　たとえば、Copy メソッドには、Destination という引数があることをガイダンスしてくれるので、スペルを調べるまでもなく、引数を指定することができます。

4.1.4　留意点

　「エラー」フォルダの Erp401 セルの取扱い .xlsm にある「留意点」マクロについて見てみましょう。

　Range オブジェクトによるセル範囲を代入したものですが、Value プロパティの有無によって結

果が異なっています。

実行するマクロ

```
Sub 留意点()

    Range("E2:F4").Value = Range("B2:C4").Value
    Range("H2:I4") = Range("B2:C4").Value
    Range("K2:L4").Value = Range("B2:C4")
    Range("N2:O4") = Range("B2:C4")

End Sub
```

実行結果

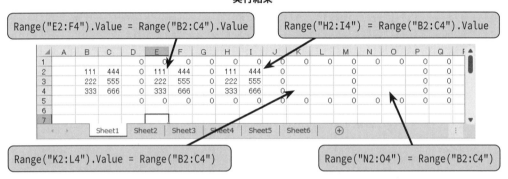

これまで、Value プロパティを省略すれば、Value プロパティがあるものとしてきましたが、それは代入文の左辺の場合で、代入文の右辺では

Range("B2:C4").Value と Range("B2:C4")

とは明らかに別物です。このように、場合によって Value プロパティの解釈が異なる以上、きちんと明示しようというわけです。

4.2 変数の宣言

さて、飛躍のためのもう一つの変更点は、変数を宣言して使うという点です。

そもそも「Basic というプログラミング言語が初心者の支持を得た最大の理由は他の言語と違って変数を宣言しなくても使えることであり、宣言しなくても使えるのであれば宣言したくない。」という意見があることを承知の上で、あえて宣言しようというわけです。

4.2.1 変数宣言の強制

変数を宣言してから使う最大の理由が以下です。

```
Sub 変数宣言1()
Dim 和 As Long
Dim 終り As Integer
和 = 0
終り = 10
    For 回 = 1 To 終わり
        和 = 和 + 回
    Next 回
End Sub
```

このマクロでは和に 55 (1 + 2 + 3 + … + 10) を得ることはできません。なぜなら、変数「終り」と「終わり」は全くの別物で、この For 文の本体は 1 度も実行されることがないためです。つまり、和に 55 を得るためには、「終わり」を「終り」に改める必要があります。こうした誤りを防ぐには、宣言せずに使用する未宣言変数をコンパイルエラーとして検出するようにします。

また、変数を宣言せずに使用すると意図した結果が得られないという場合もあります。

さらに、マクロ（コンピュータプログラム）を作る時点で、どんな変数をどのように使用するのかを事前に整理することはより良いマクロ作りにつながります。

以上のような理由により、変数は宣言して使おうというわけですが、変数の宣言は強制しない限りエラーとして検出することはできません。そのために、モジュールの先頭で、

```
Option Explicit
```

を宣言することによって、はじめて未定義の変数をエラーとして検出します。

4.2.2 変数の宣言

(1) Dim 文

変数は以下の **Dim 文**によって宣言します。場所はその変数が使用される前でもよいのですが、一般的には実行文が始まる前で宣言します。

```
Dim 変数名 As データ型
```

変数名は、Sub プロシージャの命名規則に準じて命名します。

データ型とは、変数に格納するデータの種類で、以下のようにいろいろありますが、太字で示す 4 つが使えれば十分です。

型	格納するデータ
Boolean	真（true）または偽（False）のいずれかを示す論理型
Byte	0 〜 255 までの整数
Integer	−32768 から 32767 までの整数
Long	−2147483648 から 2147483647 までの整数
Currency	整数部 15 ケタ、小数部 4 ケタの固定小数点数で誤差を排除した通貨を表す。Long 型でも納めきれないほどの金額や大きな値を取り扱う
Single	単精度浮動小数点データ
Double	倍精度浮動小数点データ
Date	西暦年を整数で、時刻を小数で表す浮動小数点型
String	文字列を格納する
Object	オブジェクトを格納する。
Variant	ワークシートのセルのように、すべてのデータを格納する。

なお、Variant 型は、どんなデータでも格納できるので、データ型が決められないという場合に便利ですが、多くの占有領域を必要とし、計算に時間がかかるなどのデメリットも抱えています。

- その変数が何を扱う変数かを整理する
- データ型によって、結果が変わることがある

ため、本書においてもデータ型を決めたマクロづくりをお勧めます。

　もちろん、データ型を決めることが難しい、決められない、という場面が絶対にないとは言い切れませんが、その変数がどんなデータを扱うかが整理できていれば、おのずとデータ型は決まるというのも事実です。まずは大きく、計算する、しないに振り分けて考えます。

①計算しないデータ

　計算に用いないデータは文字列とします。

文字列	・氏名 ・商品名 ・住所など

②計算に用いるデータ

　また計算に用いるデータも小数点以下の小数を含むか、含まないかで振り分けます。

小数を含まない **整数**	・金額 ・モノの個数や合計 ・セルの行番号や列番号
小数を含む **実数**	・長さ、重さ、面積、時間など単位に基づく測定値 ・指数、百分率、構成比、前期比など比率 ・平均値や標準値などの統計値

　ただし、運用上のルールに依存しなければならない場合もあります。

	年齢	身長
整数	4歳（年単位）	175（cm 単位） ただし、mm 単位まで求める場合は実数
実数	4歳6か月（月単位の年齢） ただし、月齢という場合には整数でも可	1.75（m 単位）

　まずは慣れることも大切ですが、仮に決めて進めてみるのも一方法です。不都合があればいくらでも修正することは可能ですから。

（2）使用例

　では、具体的な例をみて見ましょう。

　以下は、「サンプル」フォルダの、Smp402 変数宣言 .xlsm の Sheet1 にある「変数宣言」ボタンに対応したマクロとその実行結果です。

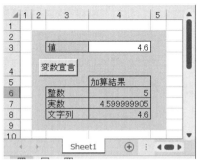

```
実行したマクロ

Sub 変数宣言()
    ' 使用する変数
    Dim 整数値 As Integer
    Dim 実数値 As Single
    Dim 非数値 As String
    ' データの取得
    整数値 = Cells(3, 4).Value
    実数値 = Cells(3, 4).Value
    非数値 = Cells(3, 4).Value
    ' データの設定
    Cells(6, 4).Value = 整数値
    Cells(7, 4).Value = 実数値
    Cells(8, 4).Value = 非数値
End Sub
```

　ここでは、セルの内容をそれぞれ、整数型（Integer）、実数型（Single）、文字列型（String）の変数を経由して、またセルに戻しただけで処理という処理はしていませんが、結果はそれぞれ異なっていますので、順にみてみましょう。

①整数型（Integer）の場合

　Integer 型とは、整数のみを取り扱う変数で、小数を持つことはできません。したがって、

```
整数 = 4.6
```

という代入文によって、小数部（0.6）は切り捨てられることになりますが、無条件に切り捨てるのではなく、小数点以下第1位を四捨五入して整数としています。

②実数型（Single）の場合

　Single 型とは、実数を表現します。したがって小数もそのまま表現されるわけですが、少数は近似表現といって誤差が含まれます。しかし、誤差といっても、非常にわずかな誤差ですから、実用上問題になることは、ありません。ちなみに、セル書式で小数点以下3ケタ表示にすると、以下のように誤差なく表示されます。

6	整数	5
7	実数	4.600
8	文字列	4.6

③文字列型（String）の場合

String 型とは文字列を格納します。文字列とは、英数字、記号、漢字、カタカタ、ひらがな、などあらゆる文字を文字コードとして連結したものです。したがって、算術演算に用いることはできません。ただし、加算することは可能です。

たとえば、文字列が数値ではなく、"4.6" という数字の文字列を収めているとき、

```
Cells(8, 4).Value = 文字列 + 文字列
```

という演算は、算術演算ではなく、文字列演算としての加算されることになります。

```
Cells(8, 4).Value = "4.64.6"
```

この文字列の加算を文字列の連結といい、「&」記号を用いても同様の演算を行うことができます。

```
Cells(8, 4).Value = 文字列 & 文字列
```

なお、文字列の連結には「+」よりも「&」の方が好ましい理由は次節で詳しく説明します。

4.2.3 定数の宣言

（1）Const 文

定数は以下のように、直接、値を指定することで使用しますが、これらも変数のように名前を付けて宣言することも可能です。

整数	1 100
実数	0.5 1.75
文字列	"A1:C4" "Sheet2"

　その宣言には、以下の宣言文を使用します。

```
Const 定数名 As データ型 = 定数
```

- 定数名は、Sub プロシージャ名、変数名の命名規則に準じて命名します。
- データ型とは、宣言する定数のデータの種類で、変数の宣言に用いたデータ型で宣言します。
- 初期値としての定数を指定します。
- 名前があるので変数のようですが、あくまで定数で、その内容を書き換えることはできません。
- たとえば、プロシージャ全体に分散する定数を定数名として宣言することにより、一か所訂正すれば、すべての定数を置き換えることができます。

(2) 使用例

　以下は、やはり「サンプル」フォルダの Smp402 変数宣言 .xlsm の Sheet1 にある「定数宣言」ボタンに対応したマクロとその実行結果です。

```
Sub 定数宣言()
    ' 使用する変数
    Const 整数値 As Integer = 5
    Const 実数値 As Single = 1.75
    Const 非数値 As String = "Sheet1"
    ' 加算
    Cells(13, 4).Value = 整数値 + 整数値
    Cells(14, 4).Value = 実数値 + 実数値
    Cells(15, 4).Value = 非数値 & 非数値
End Sub
```

　たとえば、1.75 を 2.18 に変更するためには、直接、定数を使用していると、2 か所修正しなければなりませんが、名前付きの定数が宣言されていれば、一か所訂正すれば済むというわけです。ここでは 2 か所ですが、これがマクロ全体に分散されていると、修正漏れやミスにつながるばかりでなく、その労力も大変です。

4.2.4　変数宣言マクロの作り方

（1）変数宣言の強制

　変数の宣言を強制するためには、挿入したモジュールの先頭で、**Option Explicit 文**を指定します。

　ただし、VBE の**ツール→オプション**で表示されるダイアログボックスで、「変数の宣言を強制する」にチェックしておけば、モジュールの先頭に自動的に Option Explicit 文が挿入されます。

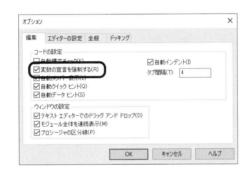

（2）変数の宣言

　マクロで使用する変数を洗い出し、重複しないように名前を付け、どんなデータを取り扱うかを整理してそのデータ型を決めて、Dim 文によって宣言します。

　Dim 文のデータ型は決められた予約語でなければならず、スペルミスがあるとコンパイルエラーとなったり、場合によっては実行時のエラーとなる場合もあります。できれば初出のデータ型はVBE の自動メンバー表示から選択するのが無難です。

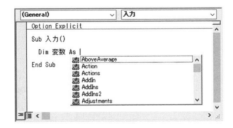

　また、いくつかの変数を宣言するとき、1 つずつ Dim 文で宣言するのが原則です。

```
Dim A1 As Integer
Dim B1 As Integer
Dim C1 As Integer
```

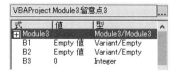

もし、まとめて宣言する場合でも、それぞれデータ型を明記します。

```
Dim C1 As Integer, C2 As Integer,C3 As Integer
```

以下のようにデータ型を省略すると、Integer 型として宣言されるのは B3 だけで、B1 と B2 は Variant 型の変数として宣言することになります。

```
Dim B1, B2, B3 As integer
```

4.2.5 変数宣言に関する留意点

では、変数宣言における留意点を、「エラー」フォルダの Erp402 変数宣言 .xlsm について見てみましょう。

(1) データ型のつづり

始めの「留意点 1」マクロでは、データ宣言のデータ型につづりミスがあるために、コンパイルエラーが検出されています。つまりデータ型は既定の予約語でなければなりません。

また、「留意点2」マクロのようにデータ型が他の予約語と重なると、実行時のエラーとなります。

```
Sub 留意点2()
    ' 使用する変数
    Dim C As Integer
    Dim D As Interior
    C = D
End Sub
```

(2) オーバーフロー

変数とはデータを収める器のようなものですから、容量を超えるデータはあふれ出てしまいます。これを**オーバーフロー**といい、「留意点3」マクロのように実行時のエラーとして検出されます。

```
Sub 留意点3()
    ' 使用する変数
    Dim A As Long
    Dim B As Long
    Dim C As Long

    A = 2147483647
    B = 1
    C = A + B
End Sub
```

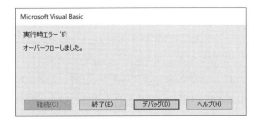

上例では 2147483647 に 1 を加えると、Long 型のデータ容量を超えてしまうことを示しています。このように Long 型でも納めきれないデータを取り扱う場合には Currency 型を用いる必要があります。

(3) 定数の変更

最後に「留意点4」を見てみましょう。定数に名前が付いていても、定数の内容を書き換えることはできません。

```
Sub 留意点4()
    ' 使用する変数
    Const A As Integer = 10
    Const B As Integer = 20
    Const C As Integer = 30
    C = A + B
End Sub
```

4.3 混合演算と型変換

コンピュータの演算では、**混合演算**（データ型の異なる演算）はできません。

データ型の異なるデータを代入することもできません。そこで、データ型の変換を行うわけですが、これらは VBA が自動的に行うので、ほとんど意識する必要はありません。意識する必要があるとすれば、自動的にデータ型が変換されては困るという場合に限定されます。

ただし、自動的ではあっても、データ型の変換が行われているので、変換に伴うエラーが検出されたり、意図した結果が得られないという場合があります。

4.3.1 代入文における型変換

以下は「サンプル」フォルダの Smp403 混合演算 .xlsm の Sheet1 にある「混合演算 1」ボタンに対応したマクロとその実行結果です。代入文の左辺と右辺のデータ型が異なる場合は、

● 無条件に左辺のデータ型に合わせるため、右辺のデータを左辺のデータ型へのデータ変換

が自動的に行われます。

```
Sub 混合演算1()
    Dim 整数値 As Integer
    Dim 実数値 As Single
    実数値 = 5.4
    整数値 = 実数値
    Cells(2, 3).Value = 整数値
    実数値 = 5.5
    整数値 = 実数値
    Cells(3, 3).Value = 整数値
End Sub
```

　上記は実数型のデータ（5.4と5.5）を整数型に代入しています。この場合には、実数型のデータを整数型に変換するので、小数点以下のデータはなくなります。ただし、無条件に小数点以下を切り捨てるのではなく、小数点以下第1位を四捨五入した整数としています。

4.3.2 算術演算における型変換

　コンピュータの算術演算では、2つの演算数のデータ型は同じでなければなりません。そこでデータ型の異なる演算では、データ容量の大きなデータ型に変換されます。以下は「サンプル」フォルダのSmp403混合演算.xlsmのSheet1にある「混合演算2」ボタンに対応したマクロとその実行結果です。

```
Sub 混合演算2()
    Dim 整数値 As Integer
    Dim 実数値 As Single
    整数値 = 4
    実数値 = 3.5
    Cells(5, 3).Value = 整数値 + 実数値
    Cells(6, 3).Value = 整数値 - 実数値
End Sub
```

　ここでは、整数型を実数型に変換してから演算することになります。

4.3.3 文字列の加算と連結

文字列型の演算では、文字列の加算（+）と連結（&）だけが可能で、算術演算をすることはできません。ただし、文字列の加算と連結では結果が異なる場合があるので、詳しく見てみましょう。

（1）文字列の連結（&）

文字列連結とは、ある文字列に別の文字列をつなげて 1 つの文字列にまとめることで、そのために、「&」（アンパサンド）を利用します。

```
"123" & "ABC" → "123ABC"
```

といった具合です。以下は「サンプル」フォルダの Smp403 混合演算 .xlsm の Sheet2 にある「文字列連結」マクロとその実行結果です。

```vb
Sub 文字列連結()
    Dim 整数値 As Integer
    Dim 文字列 As String
    Worksheets("Sheet2").Select
    Cells(2, 5) = "連結（&）"
    整数値 = Cells(4, 4).Value
    文字列 = Cells(5, 4).Value
    Cells(4, 7).Value = 整数値 & 整数値
    Cells(4, 8).Value = 整数値 & 文字列
    Cells(5, 7).Value = 文字列 & 整数値
    Cells(5, 8).Value = 文字列 & 文字列
    整数値 = Cells(8, 4).Value
    文字列 = Cells(9, 4).Value
    Cells(8, 7).Value = 整数値 & 整数値
    Cells(8, 8).Value = 整数値 & 文字列
    Cells(9, 7).Value = 文字列 & 整数値
    Cells(9, 8).Value = 文字列 & 文字列
End Sub
```

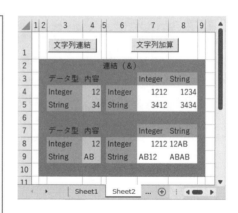

ここでは、整数型と文字列型の連結（&）であっても文字列として連結しています。

（2）文字列の加算（+）

　上記の連結を「+」（プラス）によっても行うことはできますが、こちらは推奨できません。その理由は以下の2点です。

- 算術加算と同じ「+」（プラス）記号を使うので、まぎらわしい
- エラーとなったり、算術加算となったり、結果がデータに依存する

では、具体的に見てみましょう。以下は「サンプル」フォルダの Smp403 混合演算 .xlsm の Sheet2 にある「文字列加算」マクロとその実行結果です。

```
Sub 文字列加算()
  Dim 整数値 As Integer
  Dim 文字列 As String
  Worksheets("Sheet2").Select
  Cells(2, 5) = "加算（+）"
   整数値 = Cells(4, 4).Value
   文字列 = Cells(5, 4).Value
   Cells(4, 7).Value = 整数値 + 整数値
   Cells(4, 8).Value = 整数値 + 文字列
   Cells(5, 7).Value = 文字列 + 整数値
   Cells(5, 8).Value = 文字列 + 文字列
   整数値 = Cells(8, 4).Value
   文字列 = Cells(9, 4).Value
   Cells(8, 7).Value = 整数値 + 整数値
'   Cells(8, 8).Value = 整数値 + 文字列
'   Cells(9, 7).Value = 文字列 + 整数値
   Cells(9, 8).Value = 文字列 + 文字列
End Sub
```

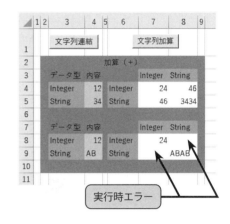

こちらは、

- Integer 型 + Integer 型

が算術加算というのは別にして、

- Integer 型 + String 型

も数値加算となり、数値加算の方が優先されています。したがって、String 型のデータが数字でないと実行時のエラーとなってしまいます。つまり、正しく文字列連結できるのは

● String 型 + String 型

の場合だけとなっています。

4.3.4 混合演算における留意点

では、混合演算における留意点を、「エラー」フォルダの Erp403 混合演算 .xlsm について見て
みましょう。

(1) 数値型データと文字列の演算

始めの「留意点 1」マクロでは、整数型データと文字列型データの加算をしているため、加算
はできないという実行時のエラーが検出されています。つまり文字列を連結するのであれば、「&」
でなければなりません。

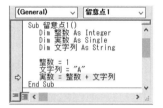
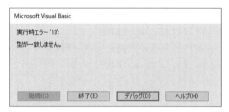

(2) 数値型に文字列を代入

「留意点 2」マクロでは、整数型データと文字列型データを整数型に変換できないというエラーが
検出されています。

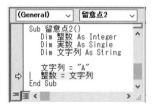

4.4 VBA 関数

関数とは、指定した値を目的とする処理によって処理（計算）した結果を戻す計算プロシージャのことで、演算式の中で引用します。

> 戻り値 = 関数名（引数，引数，...）

ここでは、関数名で指定した計算プロシージャに引数とともに、制御を移し、一連の命令を実行し終わって、呼び出し元に戻ってくることで、その時、戻される関数値を式の中で利用します。

関数名　目的とする処理

引数　計算に用いるために指定する値

また、この計算プロシージャとは、Excel が用意するワークシートで用いるワークシート関数ではなく、VBA が用意する **VBA 関数**です。

ワークシート関数は、Excel の「数式」タブの「関数の挿入」で一覧することができますが、VBA関数はVBEのメニューで、**ヘルプ**→Microsoft Visual Basic for Applications ヘルプ(F1) → Excel VBA リファレンス→**言語リファレンス**→リファレンス→関数によって、ようやく一覧にたどり着き、その中から特定の関数を選択することで、その説明を表示することができます。

これらの関数のうち、使用頻度の高い代表的な関数の使用例が、「サンプル」フォルダの Smp404VBA 関数 .xlsm にありますから、確認しながら、見てみましょう。

4.4.1 対話のための関数

初めに、対話のための定型的なダイアログボックスを表示する関数から見てみましょう。

(1) MsgBox 関数

MsgBox 関数は単にメッセージを表示するばかりでなく、ユーザーの反応（ユーザーが選択したボタン）を戻り値として戻す関数です。

> **MsgBox**(メッセージ , ボタン , タイトル)
>
> メッセージをダイアログボックスに表示する。

ボタンはダイアログボックスに表示するボタンを指定する引数ですが、値では分かりにくいので以下の**システム定数**を使用します。

システム定数	値	ボタン	システム定数	値	ボタン
vbOKOnly	0	OK	vbAbortRetryIgnore	2	中止、再試行、無視
vbOKCancel	1	OK, Cancel	vbYesNoCancel	3	Yes, No, Cancel
vbYesNo	4	Yes, No			

また、関数の戻り値にも、以下のシステム定数を使用します。

システム定数	値	ボタン	システム定数	値	ボタン
vbOK	1	OK	vbIgnore	5	無視
vbCancel	2	キャンセル	vbYes	6	はい
vbAbort	3	中止	vbNo	7	いいえ
vbRetry	4	再試行			

以下は Smp404VBA 関数 .xlsm の「対話」シートにある「MsgBox 関数の例」ボタンに対応したマクロです。

```
Sub メッセージ関数()
    Cells(5, 4).Value = MsgBox("はい(Y)、いいえ(N)またはキャンセルボタンを押してくださ
い", vbYesNoCancel, "MsgBox関数の使い方2")
    If Cells(5, 4).Value = vbYes Then
        Call MsgBox("それはYesボタンです")
    ElseIf Cells(5, 4).Value = vbNo Then
        Call MsgBox("それNoボタンです")
    ElseIf Cells(5, 4).Value = vbCancel Then
        Call MsgBox("それはCancelボタンです")
    Else
        Call MsgBox("それはよくわかりません")
    End If
End Sub
```

「MsgBox 関数の例」ボタンをクリックすると、以下が表示されます。

ここで、押したボタンに応じた戻り値が 5 行 4 列目のセルに格納されるとともに、

戻り値に応じたダイアログが表示されます。

実際に戻される戻り値は数値ですが、数値ではわかりにくいので、先のシステム定数を利用しようというわけです。

(2) MsgBox サブルーチン

MsgBox 関数はサブルーチンとしても使うことのできるユニークな関数です。**サブルーチン**とは関数のように戻り値を戻さないプロシージャで、演算式の中から引用するのではなく、以下のCall 文によって呼び出します。

Call MsgBox(メッセージ , ボタン , タイトル **)**

メッセージをダイアログボックスに表示する。
なお、ボタンが省略されると、OK ボタンが、タイトルが省略されると「Microsoft Excel」が表示される。

以下は「対話」シートにある「MsgBox サブルーチンの例」ボタンに対応したマクロです。

```
Sub メッセージサブルーチン()
    Call MsgBox("Call文によるMsgBoxサブルーチン")
    Call MsgBox("Call文によるMsgBoxサブルーチン", vbYesNo)
    Call MsgBox("Call文によるMsgBoxサブルーチン", , "MsgBoxサブルーチン")
End Sub
```

実行すると、上から順に、以下のダイアログを表示します。

 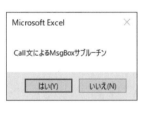 

ただし、ここでは MsgBox サブルーチンとして引用しているため、ユーザーが選択したボタンを受け取ることはできません。

(3) InputBox 関数

InputBox 関数はダイアログボックスからユーザーが入力した文字列を戻り値として戻す関数
です。

> **InputBox**(メッセージ , タイトル , 省略値)
>
> メッセージをダイアログボックスに表示して、ユーザーが入力した文字列を戻り値として戻
> す。
> タイトルを省略すると、「Microsoft Excel」が表示される。
> 省略値が省略されると Empty 値が指定されたことになります。

以下は「対話」シートにある「InputBox 関数の例」ボタンに対応したマクロです。

```
Sub 入力関数()
    Cells(5, 10).Value = InputBox("データを入力してください", "InputBox関数の例", _
                                                    "省略値")
    Cells(5, 10).Value = InputBox("データを入力してください", "InputBox関数の例")
    Cells(5, 10).Value = InputBox("データを入力してください")
End Sub
```

実行すると、それぞれ以下のダイアログを表示します。

なお、InputBox 関数では、ユーザーが選択した2つのボタン「Ok」、「キャンセル」は戻されま
せん。ただし、「キャンセル」ボタンが選択された場合には、文字列に Empty 値が戻されます。キャ
ンセル＝何も入力が無いと判断することになります。

4.4.2 データ型の変換関数

代入文における「左辺 = 右辺」の左辺に代入すればデータ型が異なっていても強制的に変換さ
れるので、使用する機会は多くはありませんが、代入文に頼らずに以下のような関数で明示的に
データ型を変換することができます。

Cint(値)	値を Integer 型の整数に変換する
CLng(値)	値を Long 型の整数に変換する
CSng(値)	値を Single 型の実数に変換する
CDbl(値)	値を Double 型の実数に変換する
Cstr(値)	値を String 型の文字列に変換する
VarType(値)	値のデータ型を、以下の数値で戻す。 0 vbEmpty　3 Long　　6 Currency　9 Object 1 vbNull　　4 Single　　7 Date　　　10 Error 2 Integer　5 Double　　8 String　　11 Booean

　引数の値は、どんなデータ型であっても構いませんが、変換時にエラーになる値を変換することはできません。

　以下は、「データ変換」シートの「データ変換」ボタンに対応したマクロとその実行結果です。

```
Sub データ型変換()
  Range("D5:E7").Clear
  Cells(5, 4).Value = CLng(Cells(3, 4).Value)
  Cells(5, 5).Value = VarType(CLng(Cells(3, 4).Value))
  Cells(6, 4).Value = CDbl(Cells(3, 4).Value)
  Cells(6, 5).Value = VarType(CDbl(Cells(3, 4).Value))
  Cells(7, 4).Value = CStr(Cells(3, 4).Value)
  Cells(7, 5).Value = VarType(CStr(Cells(3, 4).Value))
End Sub
```

　変換後のデータのデータ型が見た目ではわからないので、VarType 関数で表示しています。

4.4.3 データ判定関数

　データの内容について「〜か？」というように調べる関数で、その結果は論理型（True/False）となる Boolean 関数で、以下があります。

IsDate(値)	値が日付、時刻を示しているか
IsEmpty(値)	値が Empty か
IsNull(値)	値が Null か
IsNumeric(値)	値が数値か

セルや変数に「何もない」ことを調べる必要に迫られることがよくありますが、この「何もない」という状態が意外と厄介です。以下のような状態に分けられているためです。

Empty　　　セル、Variant 型の変数の初期化されていない状態

Null　　　データベースから取り込んだ空欄

String　　「""」（文字数ゼロの文字列）

なお、Integer 型や Single 型のような数値型の変数では、「何もない」という状態を示すことはできません。領域が確保された時からゼロ（0）という初期値を持つためです。

以下は、「データ判定」シートの「データ判定」ボタンに対応したマクロとその実行結果です。

```
Sub データ判定()
    Cells(5, 5) = IsDate(Cells(3, 4).Value)
    Cells(6, 5) = IsEmpty(Cells(3, 4).Value)
    Cells(7, 5) = IsNull(Cells(3, 4).Value)
    Cells(8, 5) = IsNumeric(Cells(3, 4).Value)
End Sub
```

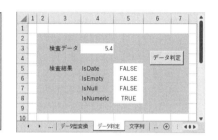

4.4.4　文字列操作関数

これまでも「&」演算子が文字列を連結する例を見てきましたが、そうした文字列を操作するだけでなく、文字と文字コードの変換をする関数です。

Asc(文字)	文字を文字コードに変換する。 文字に文字列を指定しても、先頭の 1 文字だけが変換される。 Asc("A") → 65
Chr(値)	値を文字コードとして対応する 1 文字に変換する。 Chr(65) → "A"
Mid(文字列 , 開始位置 [, 長さ])	文字列の開始位置以降、指定された長さの文字列を取り出す。長さが省略された場合は最後まで。 Mid("ABCDEFG", 4, 2) → "DE" Mid("ABCDEFG",4) → "DEFG"
Left(文字列 , 長さ)	文字列の左側（先頭）から、指定した長さの文字列を取り出す。
Right(文字列 , 長さ)	文字列の右側（末尾）から、指定した長さの文字列を取り出す。
Str(値)	値を文字列に変換する。 Str(123) → " △ 123"

CStr(値)	String 型に変換する型変換関数で、値が正（プラス）の場合、桁数が Str 関数と異なる。 CStr(123) → "123"
Val(文字列)	文字列（数字）を数値に変換する Val("123") → 123

以下は「文字列」シートの「文字列」ボタンに対応したマクロとその実行結果です。

```
Sub 文字列操作()
    Range("E7:F11").Clear
    Cells(7, 5) = Asc(Cells(3, 5).Value)
    Cells(7, 6) = VarType(Asc(Cells(3, 5).Value))
    Cells(8, 5) = Chr(Cells(5, 5).Value)
    Cells(8, 6) = VarType(Chr(Cells(5, 5).Value))
    Cells(9, 5) = Mid(Cells(3, 5).Value, 2, 3)
    Cells(9, 6) = VarType(Mid(Cells(3, 5).Value, 2, 3))
    Cells(10, 5) = Str(Cells(5, 5).Value)
    Cells(10, 6) = VarType(Str(Cells(5, 5).Value))
    Cells(11, 5) = Val(Cells(4, 5).Value)
    Cells(11, 6) = VarType(Val(Cells(4, 5).Value))
End Sub
```

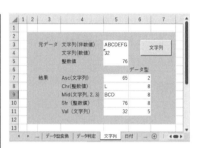

変換後のデータのデータ型が見た目ではわからないので、VarType 関数で表示しています。

4.4.5 日付関数

日付は

年月日	整数部（1900 年からの通算年月日）
時刻	24 時間を 1 とする小数

によって Double 型のシリアル値として表現されますが、特有の計算が必要で、Date というデータ型が与えられているため、付随した関数が用意されています。

Date	現在日時を戻す、引数のない関数。 Excel のワークシート関数の Now と同じ
Year(日付)	日付の中から、年を取り出す
Month(日付)	日付の中から、月を取り出す
Day(日付)	日付の中から、日を取り出す
Weekday(日付)	日付の曜日を、1（日）から 7（土）の数値に変換する
DateSerial(年 , 月 , 日)	年、月、日から 20 世紀に入ってから何日目かという通算年日に変換する
TimeValue(" 時刻 ")	"hh:mm:ss" という時刻を示す文字列を Date 型の時刻データに変換する

以下は「日付」シートの「日付関数」ボタンに対応したマクロです。

```
Sub 日付()
    Dim 文字列 As String
    Cells(3, 8) = Date
    Cells(4, 8) = DateSerial(Cells(4, 4).Value, Cells(4, 5).Value, Cells(4, 6).Value)
    Cells(5, 8) = Day(Cells(5, 4).Value)
    Cells(6, 8) = Month(Cells(6, 4).Value)
    Cells(7, 8) = Year(Cells(7, 4).Value)
    文字列 = Cells(8, 4).Value
    Cells(8, 8) = TimeValue(Cells(8, 4).Value)
End Sub
```

また、以下がその実行結果です。

4.4.6 Format 関数

> **Format(数値 , 書式)**
>
> 書式に基づいて数値を文字列に変換する

Format 関数も Str 関数のように、数値を文字列に変換する関数です。

文字列 = 数値　　　　　代入文による自動的な型変換
文字列 = Str(数値)　　Str 関数による型変換

ただし、Format 関数は、書式に基づいて数値を文字列に編集します。その書式は、数値、日付、文字列、通貨など細かく設定されているので、セルの書式設定におけるユーザー定義の表示形式がヒントになります。

なお、通貨記号に ¥ を用いる場合は、¥ 直後の文字（ここでは "¥"）をそのまま表示するというルールに基づいて書式を指定します。

Format(2541768, "¥¥#,##0") → "¥2,541,768"

以下は「Format 関数」シートの「Format 関数」ボタンに対応したマクロです。

```
Sub Format関数()
    Range("F4:F9").Clear
    Cells(4, 6).Value = Format(Cells(4, 3).Value, Cells(4, 4))
    Cells(5, 6).Value = Format(Cells(5, 3).Value, Cells(5, 4))
    Cells(6, 6).Value = Format(Cells(6, 3).Value, Cells(6, 4))
    Cells(7, 6).Value = Format(Cells(7, 3).Value, Cells(7, 4))
    Cells(8, 6).Value = Format(Cells(8, 3).Value, Cells(8, 4))
```

```
    Cells(9, 6).Value = Format(Cells(9, 3).Value, Cells(9, 4))
End Sub
```

また、以下がその実行結果です。

4.4.7　VBA 関数の引用マクロの作り方

(1) 関数名の入力

　ワークシートの関数の挿入のように、関数名の一覧を表示することができませんので、関数名を入力しなければなりません。ここでも［Ctrl］+［スペース］キーによって、キーワードのプルダウンリストを出すことは可能です。

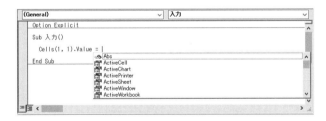

　さらに、先頭文字が分かれば、先頭文字をタイプすることによって、リストを絞り込むことができます。

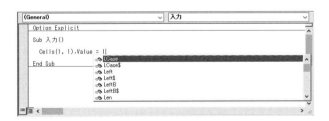

(2) 関数の引用に必要な引数

関数名が入力できたら、左カッコを入力すると、関数に必要な引数がガイドされてきます。

例えば、Left 関数であれば、引数は 2 つで

第 1 引数　　左から取り出す元の文字列
第 2 引数　　長さ（Long 型の整数）

がガイダンスされるといった具合です。

(3) システム定数の入力

MsgBox 関数の第 2 引数のようなシステム定数を入力する際にも自動メンバー表示機能によって候補を絞り込むことが期待できます。

なお、これらの組み込み定数の先頭 2 文字はそのルーツを示しています。

vb　　Visual Basic
xl　　Excel
fm　　ユーザーフォーム（後続する章で解説します）
mso　Microsoft Office

この先頭文字によって、候補を絞り込む際に活用できます。

4.4.8　VBA 関数引用の留意点

「エラー」フォルダの Erp404VBA 関数 .xlsm で検出されるエラーについて見てみましょう。

(1) VBA のシステム定数

以下は「留意点 1」マクロとその実行結果です。MsgBox の第 2 引数は、ボタンの種類で、VBA で定められている定数で指定しなければなりません。

(2) オーバーフロー

以下は留意点 2 マクロとその実行結果です。関数でもオーバーフローが検出されることに変わりはありません。データ型の不一致や計算できない場合にエラーが検出されるのは、VBA 関数でも同様です。

(3) 型不一致

以下は留意点 3 マクロとその実行結果です。関数でも型の不一致など、計算できない場合にエラーが検出されるのは、VBA 関数でも同様です。

(4) 結果から類推する

　以下は留意点 4 マクロとその実行結果です。エラーは検出されていませんが、引数に誤りが
あっても強引に結果を導き出すために、結果からその原因を類推しなければならない場合もあり
ます。

4.5　ユーザー定義関数

　前節でみた、MsgBox 関数や InputBox 関数など、システムから提供される VBA 関数のような関
数を自分で定義し、自分で利用することができます。ここではその方法を見てみましょう。

4.5.1　ユーザー定義関数の利用法

(1) ユーザー関数の定義

　ユーザー関数を利用するためにはまず、以下のように、Function から End Function 命令の間に
一連の命令を指定することによって、Function プロシージャを定義します。

```
[Private] Function 関数名 ( 仮引数リスト ) As データ型

End Function
```

- 先頭の Private は当該モジュール（Module）の中だけで利用可能な場合に指定します。省略すれば、他のモジュールから呼び出すことができます。
- **関数名**は関数を呼び出すときの名前で、変数の命名規則に準じて命名します。
- データ型は関数の戻り値のデータ型で、変数のデータ型と同じ予約語で指定します。
- カッコ内は仮引数を定義します。**仮引数**とはこの関数が呼び出される時引き渡されるデータを受け取る変数で、以下の仮引数リストを、引数の数だけ並べます。2つ以上の引数がある場合にはその順番が重要で、仮引数並びといいます。

```
[ByVal | ByRef] 仮引数名 As データ型
```

- 最初のパラメータは引数の引用方法で、省略すると ByRef が指定されたことになります。

ByVal	実引数の値を受け取る値参照のことで、関数側で内容を変更しても呼び出し側では何の影響も受けない参照方法です。
ByRef	実引数の番地を受け取る番地参照のことで、関数側で変更すると呼び出し側の実引数を書き換えることになります。

- 仮引数名は変数の命名規則に準じて命名します。
- データ型は引数のデータ型で、変数のデータ型と同じ予約語で指定します。

(2) ユーザー定義関数の引用

ユーザー定義関数も、先に見た VBA 関数と同じように、演算式の中で使います。

```
関数名 ( 実引数リスト )
```

- ユーザー定義関数も、ユーザーが定義した関数名にカッコを続けて引用します。引数の無い関数であっても () というようにカッコを省略することはできません。
- 関数に引き渡すデータを**実引数**といい、カッコの中に以下のどちらかで指定します。

位置引数	関数定義における仮引数並びの順に実引数を並べる
名前引数	仮引数名 := 実引数というように、仮引数の名前に実引数を対応させる。仮引数の並びに準ずる必要はない。

● 関数の処理が終わる（End Function 文を実行する）と戻り値（関数値）を持って呼び出した
命令の次（演算式や代入文）に戻ってきます。

4.5.2 具体例（最大公約数）

では具体例を、「サンプル」フォルダの Smp405 ユーザー定義関数 .xlsm によって見てみましょう。

（1）実引数の指定法

Sheet1 には、クリアを除いて 2 つのボタンがあります。どちらもユーザー定義関数を引用して、
最大公約数を計算し、同じ関数値（戻り値）を表示します。

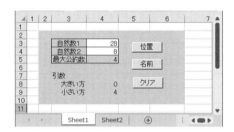

なお、8、9 行目は、関数引用後の実引数の内容で、引用前の 28 と 8 がそれぞれ 0 と 4 に置き
換えられている様子を示しています。

①ユーザー定義関数

2 つのボタンから引用されるユーザー定義関数は、以下の「最大公約数」プロシージャです。

```
Private Function 最大公約数(大 As Long, 小 As Long) As Long
    Dim 作業 As Long
    Do While 大 <> 0
        If 大 < 小 Then
            作業 = 大
            大 = 小
            小 = 作業
        End If
        大 = 大 Mod 小
    Loop
    最大公約数 = 小
End Function
```

　この関数には仮引数が2つあり、2つとも仮引数の引用方法を省略しているので、ByRef として引用されます。仮引数「大」は実引数の番地を示し、仮引数への代入は、実引数（呼び出し元）に対して行われることになります。

②「位置」ボタン

　位置ボタンをクリックすると、以下の Sub プロシージャを実行します。

```
Option Explicit

Sub 位置()
    Dim 大きい方 As Long
    Dim 小さい方 As Long
    大きい方 = Cells(3, 4).Value
    小さい方 = Cells(4, 4).Value
    If 小さい方 < 大きい方 Then
        Cells(5, 4).Value = 最大公約数(大きい方, 小さい方)
    Else
        Cells(5, 4).Value = 最大公約数(小さい方, 大きい方)
    End If
    Cells(8, 4).Value = 大きい方
    Cells(9, 4).Value = 小さい方
End Sub
```

　ここでは、仮引数の定義（仮引数並び）順に、実引数を配置する位置引数として「最大公約数」関数を引用します。

③「名前」ボタン

　一方、名前ボタンをクリックすると、以下の Sub プロシージャを実行します。

```
Sub 名前()
    Dim 大きい方 As Long
    Dim 小さい方 As Long
    大きい方 = Cells(3, 4).Value
    小さい方 = Cells(4, 4).Value
    If 小さい方 < 大きい方 Then
        Cells(5, 4).Value = 最大公約数(大:=大きい方, 小:=小さい方)
    Else
        Cells(5, 4).Value = 最大公約数(小:=大きい方, 大:=小さい方)
```

```
        End If
        Cells(8, 4).Value = 大きい方
        Cells(9, 4).Value = 小さい方
End Sub
```

ここでは、仮引数の定義（仮引数並び）の順とは無関係に、

```
仮引数:=実引数
```

というように名前によって、実引数を名前引数として「最大公約数」関数を引用しています。

(2) 仮引数の引用法

つづいて、Sheet2 を見てみましょう。ここでも、クリアを除いて 2 つのボタンがあります。

①番地参照

このボタンで引用される関数は以下の最大公約数 A です。

```
Private Function 最大公約数A(ByRef 大 As Long, ByRef 小 As Long) As Long
    Dim 作業 As Long
    Do While 大 <> 0
        If 大 < 小 Then
            作業 = 大
            大 = 小
            小 = 作業
        End If
        大 = 大 Mod 小
    Loop
    最大公約数A = 小
End Function
```

ここでは、仮引数の引用方法に ByRef が指定されています。これは省略した場合と同じです。

152

②値参照

このボタンで引用される関数では、仮引数の引用方法に ByVal が指定されています。

```
Private Function 最大公約数B(ByVal 大 As Long, ByVal 小 As Long) As Long
    Dim 作業 As Long
    Do While 大 <> 0
        If 大 < 小 Then
            作業 = 大
            大 = 小
            小 = 作業
        End If
        大 = 大 Mod 小
    Loop
    最大公約数B = 小
End Function
```

　これは、実引数の内容を、実引数（呼び出し元）とは別の場所（関数内）に移してから処理をするという引用方法です。ですから、仮引数（関数内）の内容を変更しても実引数（呼び出し元）は元の値を保持しているというわけです。

4.5.3　ユーザー定義関数マクロの作り方

　ユーザー定義関数を使う場合には、引用する前に、ユーザー定義関数を定義します。後から定義するよりも先に定義した方がメリットがあるためです。

（1）ユーザー定義関数の定義

　ユーザー定義関数も標準モジュールに記述します。

　Sub プロシージャと同じように、Function 関数名、関数のデータ型を入力して、[Enter] キーを入力すると、End Function が追加されてきます。

　この関数を他の Module でも引用する場合には、先頭の Private を省略します。関数名のカッコに続けて、仮引数並びを定義します。

　特に支障が無ければ ByVal を指定した方が、関数プロシージャがどのように引数を書き換えても呼び出し元に影響しないという点で独立性が保てます。

(2) 関数の引用

　以上のように、先に関数を定義しておくと、関数を引用する際に、自動クイックヒントが表示されるので、確認しながら実引数を入力することができます。

4.5.4 ユーザー定義関数の留意点

　「エラー」フォルダの Erp405 ユーザー定義関数 .xlsm を見てみましょう。

(1)「番地参照」マクロ

　Sheet1 にある「番地参照」ボタンを実行すると、以下のコンパイルエラーが検出されてきます。

これは実引数と仮引数のデータ型が一致していないというエラーですが、引数の引用方法が
ByRef（番地参照）の場合に検出されます。

実引数	実		Integer 型
仮引数	仮		Long 型

(2)「値参照」マクロ

　続いて「値参照」を実行すると、こちらも実引数と仮引数のデータ型は一致していないにもか
かわらず、正常に終了し、結果も正しく得られています。

```
Sub 値参照()
    Dim 大きい方 As Integer
    Dim 小さい方 As Integer
    大きい方 = Cells(3, 4).Value
    小さい方 = Cells(4, 4).Value
    If 小さい方 < 大きい方 Then
        Cells(5, 4).Value = 最大公約数B(大きい方, 小さい方)
    Else
        Cells(5, 4).Value = 最大公約数B(大きい方, 小さい方)
    End If
    Cells(8, 4).Value = 大きい方
    Cells(9, 4).Value = 小さい方
End Sub


Private Function 最大公約数B(ByVal 大 As Long, ByVal 小 As Long) As Long
    Dim 作業 As Long
```

```
        Do While 大 <> 0
            If 大 < 小 Then
                作業 = 大
                大 = 小
                小 = 作業
            End If
            大 = 大 Mod 小
        Loop
        最大公約数B = 小
End Function
```

それは ByVal という引用方法によるものです。ByVal では、関数に制御が移る際に値を参照するために、

```
仮引数=実引数
```

という代入文が実行されます。このとき、データ型が異なれば型変換が行われるためです。

4.6 ユーザー定義サブルーチン

関数を自分で作って自分で利用できるように、サブルーチンも自分で活用することができます。このユーザー定義サブルーチンも Sub プロシージャとして宣言するので、以降は Sub プロシージャを以下の 2 つに使い分けることにします。どちらも Sub プロシージャなので、厳密に使い分ける必要はありませんが、多少とも混乱をさけるためです。

マクロ	開発タブの、コードのマクロで表示されるマクロ一覧に現れる実行単位としての Sub プロシージャ。
サブルーチン	他の Sub プロシージャから呼び出される従属的な Sub プロシージャで、開発タブの、コードのマクロで表示されるマクロ一覧に現れる必要のないプロシージャ。

4.6.1 ユーザー定義サブルーチンの利用法

(1) ユーザー定義サブルーチンの定義

ユーザー定義サブルーチンも以下のように、Sub から End Sub 命令の間に一連の処理を定義します。

```
[Private] Sub サブルーチン名 ( 仮引数リスト )

End Sub
```

- Private を指定すると、開発タブのコードにあるマクロで表示される「マクロ一覧」に表示されないプロシージャとなり、独自に実行させることはできません。また、当該モジュール（Module）内のみで有効となり、他のモジュールから引用することはできません。
- サブルーチン名は変数の命名規則に準じて命名します。
- カッコ内の仮引数リストは、ユーザー関数の定義と同じように引数の数だけ以下を並べます。

```
[ByVal | ByRef] 仮引数名 As データ型
```

最初のパラメータは引数の引用方法で、省略すると ByRef が指定されたことになります。

ByVal	実引数の値を受け取る値参照のことで、サブルーチン側で内容を書き換えても呼び出し元では何の影響も受けない参照方法です。
ByRef	実引数の番地を受け取る番地参照のことで、サブルーチン側で変更すると呼び出し側の実引数の内容を書き換えることになります。

仮引数名は変数の命名規則に準じて命名します。

データ型は引数のデータ型で、変数のデータ型と同じ予約語で指定します。

(2) ユーザー定義サブルーチンの引用

ユーザー定義サブルーチンは Call 命令によって呼び出します。

```
Call サブルーチン名 ( 実引数リスト )
```

サブルーチンに引き渡す実引数は、カッコの中に以下のどちらかで指定します。

位置引数	サブルーチン定義における仮引数並びの順に実引数を並べる
名前引数	仮引数名 := 実引数というように、仮引数の名前に実引数を対応させる。仮引数の並びに準ずる必要はない。

　Call 命令によって、サブルーチンに制御が移り、一連の命令を実行して End Sub 命令に到達すると、制御は Call 命令の次に戻ってきます。ただし、関数のように戻り値を戻すことはありません。

4.6.2 具体例（サイコロの目）

(1) サイコロの目マクロの実行結果

　以下は、「サンプル」フォルダから Smp405 ユーザー定義サブルーチン .xlsm の Sheet1 にある「始め」ボタンによってマクロを実行した結果です。

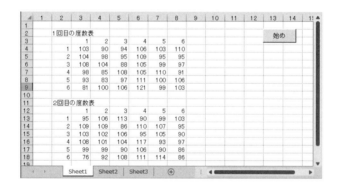

　これは、2 個のサイコロをある程度（ここでは 3600 回）ふって、出た目を行と列に当てはめた出現頻度表を 2 回（もう 3600 回）試行する様子を示しています。

　いずれにしても多少のデコボコはあるものの、100 回を中心に分布している様子が確認できます。

(2)「サイコロの目」マクロの処理内容

　では、このマクロがどのように構成されているのか見てみましょう。最初は、シートに貼り付けられた「始め」ボタンによって起動されるマクロです。

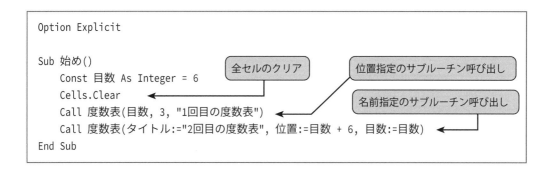

```
Option Explicit

Sub 始め()
    Const 目数 As Integer = 6
    Cells.Clear
    Call 度数表(目数, 3, "1回目の度数表")
    Call 度数表(タイトル:="2回目の度数表", 位置:=目数 + 6, 目数:=目数)
End Sub
```

（図中のラベル）
- 全セルのクリア
- 位置指定のサブルーチン呼び出し
- 名前指定のサブルーチン呼び出し

①「始め」マクロの処理概要

　まず、全セルの内容をクリアします。これまでの Cells (行 , 列) という指定の、行も列も省略すると、全行全列、すなわち、シートの全セルを示し、

```
Cells.Clear
```

によって、シート全体のセルをクリアすることができます。

　また、ここでは、度数表というサブルーチンを Call 文によって呼び出しています。ここで呼び出すとは、Call 文で指定した Sub プロシージャを実行させることで、その際、カッコの中の実引数を Sub プロシージャの仮引数に引き渡します。2 回ともまったく同じ処理であれば、繰り返し（ループ）によって処理できますが、異なる部分があれば、サブルーチンとしてまとめ、異なる部分を引数として引き渡します。

　なお、ここでは 1 回目は、位置引数で、2 回目は名前引数の実引数をサブルーチンに引き渡しています。その際

```
目数:=目数
```

とは、仮引数と実引数の名前がたまたま一致しているだけで、省略することはできません。

②度数表サブルーチンの定義

Call 文によって呼び出される度数表サブルーチンも、Sub から End Sub の間に定義します。

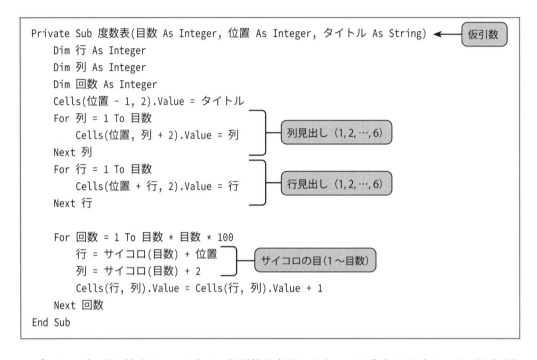

```
Private Sub 度数表(目数 As Integer, 位置 As Integer, タイトル As String)  ← 仮引数
    Dim 行 As Integer
    Dim 列 As Integer
    Dim 回数 As Integer
    Cells(位置 - 1, 2).Value = タイトル
    For 列 = 1 To 目数
        Cells(位置, 列 + 2).Value = 列            列見出し (1, 2, …, 6)
    Next 列
    For 行 = 1 To 目数
        Cells(位置 + 行, 2).Value = 行            行見出し (1, 2, …, 6)
    Next 行

    For 回数 = 1 To 目数 * 目数 * 100
        行 = サイコロ(目数) + 位置               サイコロの目(1～目数)
        列 = サイコロ(目数) + 2
        Cells(行, 列).Value = Cells(行, 列).Value + 1
    Next 回数
End Sub
```

プロシージャ名に続くカッコの中で、仮引数を宣言します。Call 命令でサブルーチンを呼び出すときに指定した実引数を、この仮引数として引き継ぎます。ここでは、以下のように実引数をSub プロシージャの仮引数として受け取ります。

仮引数	実引数	
	1 回目	2 回目
目数	6	6
位置 As Integer	3	目数 +6
タイトル As String	1 回目の度数表	2 回目の度数表

度数表は目数×目数の正方行列として表現しますので、まず列タイトル、行タイトルをワークシートに設定しています。

さらに、目数 × 目数 × 100（3600）回の試行の中で、2 回サイコロを振るわけですが、実際

にサイコロを振るわけにいかないので、「サイコロ」関数でサイコロの目を計算し、戻される関数値によって、行、列のセル位置を決定します。

行 = サイコロ(目数) + 位置

4.6.3 ユーザー定義サブルーチンの作り方

　こうしたユーザー定義サブルーチンもユーザー定義関数と同じように標準モジュールに定義します。

(1) サブルーチンの定義

　Call 文によって呼び出されるサブルーチンも、Sub から End Sub の間に命令を記述する Sub プロシージャ（サブルーチン）として定義します。先に引用命令（Call 文）を記述することも可能ですが、Call 文よりも先に定義するメリットがあります。

[**Private**] **Sub** プロシージャ名 (仮引数名 **As** データ型 , …)

　Sub の前の Private は、

● 開発タブのマクロで表示されるマクロ一覧に現れない
● 当該モジュール内でのみ有効となる

他のプロシージャから呼び出される従属的なプロシージャであることを宣言します。
　プロシージャ名、変数名は先の命名規則に準じて任意につけた名前です。

(2) サブルーチンの引用

　サブルーチンを先に定義するメリットとは、サブルーチンを引用する Call 文を入力するとき、サブルーチン名（まで入力すると、そのサブルーチン引用に必要な引数がガイダンスされる点です。

4.6.4 デバッガの使い方

この例を通して、VBE のデバッガの使い方を整理しておきましょう。

```
Option Explicit

Sub 始め()
    ボタンに紐づけられたメインプロシージャ
End Sub

Private Sub 度数表(位置 As Integer, タイトル As String)
    メインプロシージャから呼び出される従属的なプロシージャ
End Sub

Function サイコロ() As Integer
    引数の無い関数プロシージャ
End Function
```

(1) ステップ実行

このマクロのように、ユーザー定義の関数やサブルーチンを使うマクロにおいても、これまでのステップ実行によって、1 ステップずつ中断しながら確認することは可能です。

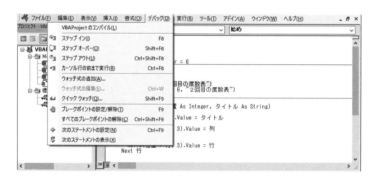

しかし、サブルーチンや関数は確認済みで、これ以上確認する必要がないといった場面では、以下のようなデバッグ機能を使い分けることができます。

ステップイン	1 命令ずつ実行する。サブルーチンや関数の中もトレースする
ステップオーバー	1 命令ずつ実行する。ただし、Call 文や関数の引用など他のプロシージャ内はトレースしない。1 つの命令、1 つのステップとして実行する。

ステップアウト	停止状態を解除してプロシージャの終わりまでまとめて進める。これ以降、確認する必要のないときにトレースをスキップする。
カーソル行の前まで実行	現在の状態から、カーソル行の命令の直前まで進め、カーソル行の命令で停止する。Private Sub や Function 内に置いたカーソルでも止めることができる。

(2) ブレイクポイント

　逆に、関数やサブルーチンの中をデバッグするといった場面では、そこまでステップ実行するのも大変です。そんな時は、関数やサブルーチンの中にブレイクポイントを設定することも可能です。

4.6.5　ユーザー定義サブルーチンの留意点

　「エラー」フォルダにある Erp406 ユーザー定義サブルーチン .xlsm について見てみましょう。

　ここでも、「Sheet1」にある「始め」ボタンをクリックすると、「サイコロの目」度数表が集計されてきます。

　ここで、「始め」ボタンに対応しているのは、以下の「始め」プロシージャです。

```
Sub 始め()
    Dim 行 As Integer
    Cells.Clear
    行 = 3
    Call 度数表(行, "1回目の度数表")
```

```
        行 = 行 + 目数 + 4
        Call 度数表(行, "2回目の度数表")
End Sub
```

度数表サブルーチンの第一引数は、度数表の出力位置で、

1回目　　行 = 3
2回目　　行 = 行 + 目数 + 4 = 3 + 6 + 4 = 13

となるはずですが、2回目は20行目に出力されています。

そこで、サブルーチンを調べてみると、ここでは仮引数に ByRef が指定されています。

```
Private Sub 度数表(ByRef 位置 As Integer, ByRef タイトル As String)
    Dim 行 As Integer
    Dim 列 As Integer
    Dim 回数 As Integer
    For 列 = 1 To 目数
        Cells(位置, 列 + 2).Value = 列
    Next 列
    For 行 = 1 To 目数
        Cells(位置 + 行, 2).Value = 行
    Next 行

    For 回数 = 1 To 目数 * 目数 * 100
        行 = サイコロ() + 位置
        列 = サイコロ() + 2
        Cells(行, 列).Value = Cells(行, 列).Value + 1
    Next 回数
    位置 = 位置 + 目数 + 1
    Cells(位置, 2).Value = タイトル
End Sub
```

　つまり、サブルーチン側で仮引数の内容を書き換えると、呼び出し側の実引数に反映されるので、「行」は13ではなく20に書き換えられているというわけです。このように、仮引数の ByRef 引用は、実引数の内容を変化させる（可能性がある）ので、呼び出し側だけを調べるだけでは十分とはいえず、ByVal の方がプロシージャによって干渉されにくい独立性を保つといえましょう。

4.7 変数の有効範囲

さて、これまでに使用した変数は、定義したプロシージャ内を有効範囲としています、ここではそうした変数の有効範囲について見てみましょう。

4.7.1 ローカル変数

(1) ローカル変数、ローカル定数の有効範囲

ローカル変数とは、これまでに見た変数のように宣言したプロシージャを有効範囲とする変数です。

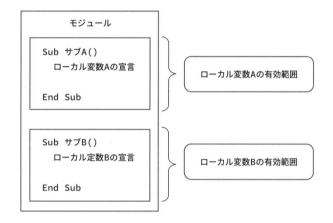

(2) ローカル変数、ローカル定数の宣言

ローカル変数とは、宣言されているプロシージャを有効範囲とする変数で、Sub プロシージャまたは Function プロシージャの中で、その使用に先立って、一般的には、Sub または Function 文の直後、実行文が始まる前に、Dim 文または Const 文によって宣言します。またローカル定数の有効範囲についても同様です。

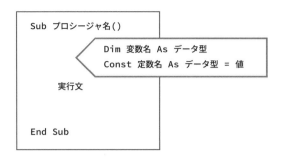

4.7.2 グローバル変数

(1) グローバル変数の有効範囲

グローバル変数とは、そのモジュール内の全プロシージャを有効範囲とする共通変数です。

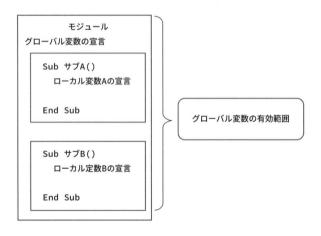

(2) グローバル変数、グローバル定数の宣言

グローバル変数は、そのモジュールの先頭で、プロシージャが始まる前に Dim 文で、グローバル定数は Const 文で宣言します。

```
Option Explicit

        Dim 変数名 As データ型
        Const 定数名 As データ型 = 値


Sub プロシージャ名1()


End Sub
Sub プロシージャ名2()


End Sub
```

なお、

- グローバル変数の宣言：Private 文
- グローバル定数の宣言：Private Const 文

によって区分するという方法もありますが、本書では、ことさら宣言文を替えなくても、宣言の場所によって、その有効範囲を決めるという方法で宣言しています。

4.7.3 パブリック変数

(1) パブリック変数の有効範囲

パブリック変数とは、そのブック内の全モジュールを有効範囲とする共通変数です。

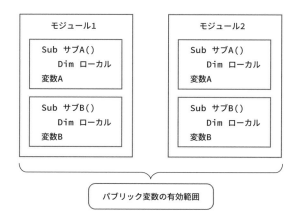

(2) パブリック変数、パブリック定数の宣言

パブリック変数および定数は、最初に呼び出されるモジュールの先頭で、Public 文および Public Const 文によって宣言します。ただし、後から呼び出されるモジュールで、宣言が重複していてもエラーとなることはありませんから、すべてのモジュールの先頭で宣言しても構いません。

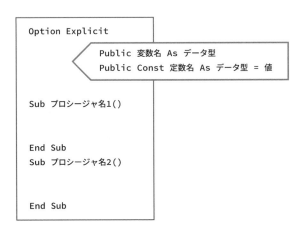

```
Option Explicit

          Public 変数名 As データ型
          Public Const 定数名 As データ型 = 値


Sub プロシージャ名1()


End Sub
Sub プロシージャ名2()


End Sub
```

4.7.4 変数の有効範囲の具体例

では、「サンプル」フォルダの Smp407 変数の有効範囲 .xlsm を見てみましょう。

Module1

```
Option Explicit
  Public パブリックA As Integer
  Public パブリックB As Integer
  Dim グローバル As Integer
Sub メインA()
  Const ローカル As Integer = 1
  グローバル = 10
  パブリックA = 300
  パブリックB = 4000
  パブリックA = パブリックA + 1
  Cells(4, 4).Value = パブリックA
  Cells(6, 4).Value = グローバル
  Cells(7, 4).Value = ローカル
    Call サブA
    パブリックB = パブリックB + 1
    Cells(5, 4).Value = パブリックB
End Sub
Private Sub サブA()
  Const ローカル As Integer = 2
  パブリックA = パブリックA + 1
  Cells(4, 5).Value = パブリックA
  Cells(6, 5).Value = グローバル
  Cells(7, 5).Value = ローカル
    Call メインB
    パブリックB = パブリックB + 1
    Cells(5, 5).Value = パブリックB
End Sub
```

Module2

```
Option Explicit
  Const グローバル As Integer = 200

Sub メインB()
  Const ローカル As Integer = 3
  パブリックA = パブリックA + 1
  Cells(4, 6).Value = パブリックA
  Cells(6, 6).Value = グローバル
  Cells(7, 6).Value = ローカル
    Call サブB
    パブリックB = パブリックB + 1
    Cells(5, 6).Value = パブリックB
End Sub
Private Sub サブB()
  Const ローカル As Integer = 4
  パブリックA = パブリックA + 1
  Cells(4, 7).Value = パブリックA
  Cells(6, 7).Value = グローバル
  Cells(7, 7).Value = ローカル
    パブリックB = パブリックB + 1
    Cells(5, 7).Value = パブリックB
End Sub
Sub クリア()
  Range("D4:G7").Clear
End Sub
```

(1) 実行結果

　モジュールとプロシージャが入れ込んでいますが、処理らしい処理は何もしていませんので、実行してみましょう。Sheet1 の「スコープ」ボタンをクリックすると、以下の実行結果を得ます。

(2) プロシージャの軌跡

「スコープ」ボタンをクリックすると、Module1 の「メイン A」プロシージャが起動され、以下のプロシージャを順に呼び出し、各変数の内容を対応するセルに書き出しています。

パブリック A、パブリック B はどちらも Module1 にも Module2 にも共通する領域ですが、パブリック A は往きながら、パブリック B は戻りながら 1 が加えられる様子を示しています。

(3) ローカルウィンドウと、ウォッチウィンドウ

たとえば、Module2の「サブB」にブレイクポイントを設定して中断させたとき、VBEの**表示→ローカルウィンドウ**を選択すると、以下のローカルウィンドウが表示されます。**ローカルウィンドウ**とは中断しているプロシージャで使用されているローカル変数とその内容を表示するウィンドウです。

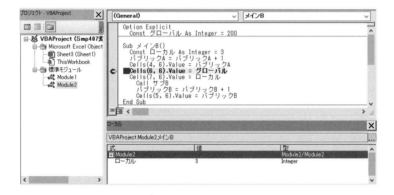

そこでは、グローバル変数やパブリック変数の内容を確認することはできません。そこで、VBEの**デバッグ→ウォッチ式の追加**で表示される「ウォッチ式の追加」ダイアログで、ローカル変数以外の変数を指定すると、ウォッチウィンドウで確認することができます。

4.8 エラートラップ

　これまでに見てきたように、実行時にエラーがあると、それ以降の命令を実行することはできません。それは VBE に制御が戻されてしまうためです。ちょっとしたミスでも最初からやり直さなければならないことになってしまいます。このようにエラーがあっても、VBE に制御を戻さず、エラーにまつわる処理をマクロ側で行う手立てを**エラートラップ**といいます。

4.8.1 制御命令

　マクロの命令は、If 文や繰り返しのような一部の例外を除けば、基本的には上から下に向かって 1 ステップずつ順に実行されます。1 つの命令を実行し終えたら、次の命令ではなく、別の場所にある命令に分岐する、すなわち制御を移す制御命令について見てみましょう。

(1) サブルーチン

　これまでに見た、サブルーチンや関数も

- Call 文によって、Sub 文で定義したサブルーチンに分岐する
- End Sub 文によって、Call 文の次に命令に分岐する

ので、一種の制御命令とみることができます。

(2) 強制的な復帰命令

　これまで取り上げる機会がありませんでしたが、Exit Sub 文によって、サブルーチンの途中でも復帰することができます。ちょうど Do 文による繰り返しから強制的に抜け出す Exit Do 文と同じです。

```
Exit Sub
```

　サブルーチンの途中でも強制的に、呼び出した Call 文の次の命令に分岐する

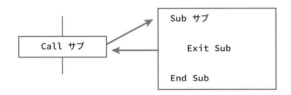

(3) ラベル

　ラベルとはサブルーチンや関数の入り口のような分岐先としての標識で、任意の名前に「:」（コロン）を続けて定義します。有効範囲は Sub プロシージャ内で、1 つの Sub プロシージャ内に同じ名前を重複使用することはできませんが、異なる Sub プロシージャであれば、同じ Module 内であっても同じラベル名を使用することができます。

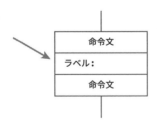

(4) エラーが検出された時の制御

　エラーが検出された時、制御を VBE に戻さないために、以下が用意されています。

命令文	概要
On Error Resume Next	エラーを検出しても、エラーを無視して処理を継続する

| On Error Goto ラベル | エラーを検出したとき、VBE に制御を戻すのではなく、プロシージャ内のラベルに分岐する（制御を移す）。 |
| On Error Goto 0 | エラーを検出したとき、VBE に制御を戻す。
これは On Error 文の無い初期状態と同じで、それまでの On Error 文をリセットする場合に用いる。 |

(5) エラー処理からの復旧

On Error 文による分岐先でエラーにまつわる処理を終了して、エラー元に制御を戻す、すなわち、エラーから復旧するために以下の方法が用意されています。

命令文	概要
Resume	エラーを検出した命令からやり直す。
Resume Next	エラーを検出した命令は無視して次の命令から再開する。
Resume ラベル	エラーを検出した命令とは無関係に、ラベル以降の命令から再開する。

4.8.2 具体例

では、「サンプル」フォルダにある Smp408 エラートラップ .xlsm について、具体的な例を見てみましょう。

(1) VBE によるエラー処理

まず、これまでの実行時のエラーすなわち制御を VBE に戻す例から確認してみましょう。

Sheet1 の白抜きセルを空白のまま、「トラップなし」ボタンをクリックすると、以下のエラーダイアグラムが現れます。ここで「デバッグ」ボタンをクリックすると、VBE のコードウィンドウでエラー箇所を特定することができます。

(2) エラー無視

　つづいて、Sheet1 の抜きセルを空白のまま、今度は「エラー無視」ボタンをクリックしてみましょう。エラーがあっても無視され、最後の命令まで実行します。

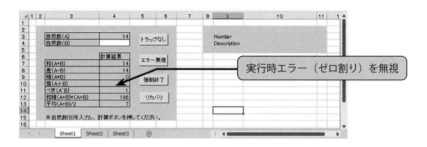

　このマクロには `On Error Resume Next` 命令があります。これは、「実行時のエラーが検出されても、構わず次の命令を実行せよ」ということを指示する命令です。したがって、ここでは 10 行目の商（A ÷ B）の計算でゼロ割りのエラーがあってもそのエラーはスキップされ、以降の処理を継続します。

　たとえば、ブックを開く、ワークシートやセル範囲を選択するというような命令でエラーがある場合に以降の処理を継続する意味がどれだけあるかは別にして、この例のように、エラーが他に波及しない命令では、実行時エラーを無視することも不可能ではありません。

(3) 強制終了

　実行時エラーが検出された時点で、マクロを停止するという点では、VBE によるエラー処理と変わりませんが、エラー処理を VBE に委ねるのではなく、マクロ側で行います。

では、この「強制終了」マクロをみてみましょう。

```
Sub 強制終了()
    Dim 自然数A As Integer
    Dim 自然数B As Integer
    Call クリア
    On Error GoTo エラーアウト
    自然数A = 14
    自然数B = Cells(4, 4).Value
    ' マクロの計算
    Cells(7, 4).Value = 自然数A + 自然数B
    Cells(8, 4).Value = 自然数A - 自然数B
    Cells(9, 4).Value = 自然数A * 自然数B
    Cells(10, 4).Value = 自然数A / 自然数B
    Cells(11, 4).Value = 自然数A ^ 自然数B
    Cells(12, 4).Value = (自然数A + 自然数B) * (自然数A + 自然数B)
    Cells(13, 4).Value = (自然数A + 自然数B) / 2
    Exit Sub
エラーアウト:
    MsgBox ("エラーにつき強制終了します。データを修正して再度、実行してください。")
    Cells(3, 10).Value = Err.Number
    Cells(4, 10).Value = Err.Description
End Sub
```

　ここでは、On Error GoTo エラーアウトという命令によって、どこでエラーが起こっても、ラベル「エラーアウト」に分岐する（制御を移す）ことが指示されています。

ラベル「エラーアウト」に制御が移ると、MsgBox 関数でメッセージを表示し、以下の Err オブジェクトのプロパティを 10 列目の 3、4 行目のセルに取り出しています。

Number	エラー番号
Description	エラーについての説明

なお、「クリア」Sub プロシージャの

```
Err.Clear
```

は、Clear メソッドを用いて Err オブジェクトをクリアしています。

(4) エラーリカバリー

最後に、Sheet1 の白抜きセルを空白のまま、今度は「エラーリカバリ」ボタンをクリックするとどうなるか見てみましょう。

すると以下のエラーメッセージが表示されます。

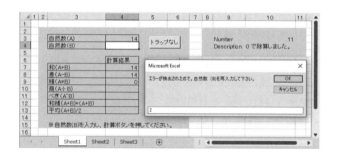

たとえば、2 を入力して、「OK」ボタンをクリックすると、処理が再開され以下のような結果を得ます。

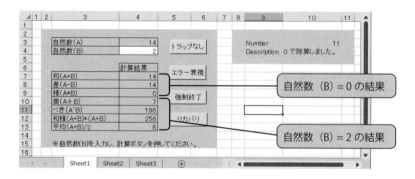

　このマクロも、エラーがあると、ラベル「エラーアウト」に分岐する（制御を移す）ことになっています。ここでは、InputBox 関数を用いて、自然数（B）を入力し、その値を変数「自然数 B」に代入して、Resume 命令によって、エラーを検出した命令をもう一度やり直します。

```
エラーアウト:
    Cells(3, 10).Value = Err.Number
    Cells(4, 10).Value = Err.Description
    MsgBox ("エラーが検出されました。")
    Cells(4, 4).Value = InputBox("自然数（B）を再入力して下さい。")
    If Cells(4, 4).Value = "" Then
        Exit Sub
    Else
        自然数B = Cells(4, 4).Value
        Resume
    End If
End Sub
```

4

第5章

キー記録マクロ

5.1 キー記録マクロとその作り方

5.1.1 キー記録マクロとは

これまでのマクロの作り方で見たように、VBE で命令文を入力する、いわゆるプログラミングによってマクロを作るのではなく、**キー記録マクロ**とは、Excel との対話をマクロとして記録しておき、以降、その操作をマクロによって実行しようというものです。したがって、

- Excel と対話すれば、それがマクロとして記録される
- VBA を使わなくてもマクロが記録される
- VBE やデバッガを使う必要はない

など、いいことづくめのようではありますが、それほど単純でもありません。キー記録マクロの最大の問題は

- これまでに見た If 文、For 文、Do 文など制御文、当然、関数やサブルーチンが使えない

ということです。ですから、ほとんど実用上、役に立たないといっても過言ではないかもしれません。それでもここで取り上げるのは

- Excel との対話をマクロでどう表現するのかを調べるのに役立つ
- 完成形ではなくても、マクロの部品を作ることはできる

ためです。

5.1.2 キー記録マクロの作り方

では、キー記録マクロについて見てみましょう。キー記録マクロは以下のステップによって作ります。

(1) ワークシートの準備

これまで同様、まずワークシートを準備します。

(2) キー記録の開始

ワークシートの準備ができたら、**開発タブ→コード：マクロの記録**を選択してマクロのキー記録を開始します。

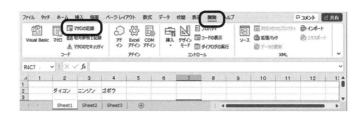

すると、以下のダイアログが現れるので、マクロ名を入力します。

マクロ名は、作るたびに、Macro1、Macro2、……というように番号を繰り上げて作られます。ただし、マクロ名は後からでも変更できるので、[OK] ボタンを押して、キー記録を始めます。

(3) マクロに記録する Excel 操作

以降の操作がすべてマクロの命令として記録されます。もし誤って操作したとしても、すべて記録されていますから取り消すことはできません。したがって

- マクロのキー記録を終了して、初めからやり直す
- キー記録マクロも VBE で編集できるので、そのまま記録を継続し後で修正する

ことになります。

(4) キー記録の終了

　記録すべき処理が終了したら、**開発タブ→コード：記録終了**によって、キー記録を終了します。以上の操作によって、キー記録マクロは完成されます。

(5) マクロ有効ブックとして保存

　これまでと同じように、マクロ有効ブックとして保存しておきます。

(6) 実行

　キー記録によって作られたマクロも、これまでと同じように、**開発タブ→コード：マクロ**でマクロ一覧を表示し、「実行」ボタンで実行します。

(7) 編集

　通常のマクロと同じように、先の「マクロ一覧」の「編集」ボタンまたは、**開発タブ→コード：**

Visual Basic から VBE を起動することによって、VBE のコードウィンドウで修正することができます。

また、マクロは Module1 に記録されますが、後から追加すると、

Module2、……

というように、番号を繰り上げて別なモジュールとして記録されます。

5.2 文字修飾マクロ

では、「サンプル」フォルダから、Smp502 文字修飾 .xlsm を読み込み、マクロを有効にしてください。

5.2.1 文字修飾マクロの実行

(1) Macro1 の実行

それでは「Macro1」をマクロ一覧から実行してみましょう。なお、このマクロは、以下の操作をキー記録したマクロです。

● アクティブセルの文字を太字に変更
● アクティブセルの文字を斜体に変更

したがって、このマクロを実行すると、アクティブセルの内容を太字、斜体に変更します。

(2) Macro2 の実行

このマクロを実行すると、アクティブセルの文字の太字、斜体を取りやめて、普通の文字に戻します。

5.2.2　文字修飾マクロの処理内容

ではこのマクロがどのように作られているのかを調べてみましょう。「サンプル」フォルダから Smp502.xlsm が読み込まれている状態で、Visual Basic を選択して VBE を起動すると、そのコードウィンドウにキー記録マクロが表示されます。なお、キー記録したマクロには注釈がふんだんに挿入されますが、ここでは必要最小限に割愛しています。

```
Option Explicit

Sub Macro1()
'
' Macro1 Macro
'


'
    Selection.Font.Bold = True
    Selection.Font.Italic = True
End Sub

Sub Macro2()
'
' Macro2 Macro
'
```

```
'
    Selection.Font.Bold = False
    Selection.Font.Italic = False
End Sub
```

　キー記録マクロも、これまでに作ったマクロとそれほどの違いは見当たりません。アクティブ
セルを示すのに ActiveCell ではなく Selection を使っていますが、これはセル範囲が指定されて
も対応できるためでしょうか。いずれにしても、キー記録マクロとはいえ、実行方法も編集方法
もマクロの命令も、これまでのマクロと変わる処はありません。

5.2.3 キー記録マクロの留意点

　マクロのキー記録を始める場合には、すべての準備を整えてから始めなければなりません。
　「エラー」フォルダの Erp502 文字修飾 .xlsm にある Macro3 および Macro4 を実行すると、ア
クティブセルではなく、B4（4 行 2 列目）セルを操作の対象としてします。

```
Sub Macro3()
'
' Macro3 Macro
'
    Range("B4").Select
    Selection.Font.Bold = True
    Selection.Font.Italic = True
End Sub
Option Explicit

Sub Macro4()
'
' Macro4 Macro
'
    Range("B4").Select
    Selection.Font.Bold = True
    Selection.Font.Italic = True
End Sub
```

　これはキー記録を始めてから、カーソルをセル B4 に移動しているため、カーソル移動もマクロ
として記録されてしまい、アクティブセルの文字修飾ではなく、B4 セル固定の文字修飾となって
しまったというわけです。

5.3 並べ替え（ソート）のキー記録

　データの集まりを、あるデータ項目に着目して並べ替えるとき、その着目するデータ項目をキー項目といいます。並べ替え（ソート）とは、データ並びをキー項目の小さい方から大きい方へ（昇順）、または大きい方から小さい方へ（降順）、のどちらかに並べ替えることですが、これがキー記録マクロでどう表現されているのか調べてみましょう。

　なお、Sort 命令は Excel のバージョンによって大きく変更されていますが、上位互換により、古いバージョンで作ったマクロでも新しいバージョンで動くので、実用上、気にする必要はありません。

5.3.1 ソートマクロの実行

　では、「サンプル」フォルダの Smp503 ソート .xlsm を見てみましょう。出荷シートには、以下のような野菜の月ごとの出荷実績が記録されています。

	A	B	C	D	E	F	G	H	I	J	K	L	M	N	O	P	Q	R
1	No	野菜	4月	5月	6月	7月	8月	9月	10月	11月	12月	1月	2月	3月	年度計	前年実績	伸び率	
2	1	キューリ				28	47	45	3						123	68	1.81	
3	2	ピーマン				1	15								16	85	0.19	
4	3	トマト				12	36	2							50	28	1.79	
5	4	ナス				12	48	19	13						92	116	0.79	
6	5	キヌサヤ		8	4										12	46	0.26	
7	6	インゲン			6	49	5								60	21	2.86	
8	7	ゴーヤ					5	1							6	5	1.20	
9	8	オクラ					12	4	2						18	8	2.25	
10	9	エダマメ				4	4								8	13	0.62	
11	10	ソラマメ		6	3										9	24	0.38	

出荷

　このブックには、以下の3つのマクロによって、データを並べ替えることができます。

マクロ名	ソートキー	順序
Macro1	No	昇順
Macro2	年度計	降順
Macro3	伸び率	降順

　なお、Excel の「並べ替え」でデータを並び替えた場合には**ホームタブ→元に戻す**によってデータ並びを元に戻すことができますが、マクロでソートした場合には元に戻すことはできません。ただし、Macro1 を実行すれば、データ並びを元の No 順に戻すことができます。

5.3.2 ソートマクロの処理内容

　では、このマクロがどのように作られているのか見てみましょう。3つのマクロでは多少の相違点はあるものの基本的には同じ構造によって展開されています。まず、Macro1（Noの昇順）マクロを見てみましょう。

```
Sub Macro1()
' Macro1 Macro
    Range("A1").Select
    ActiveWorkbook.Worksheets("出荷").Sort.SortFields.Clear
    ActiveWorkbook.Worksheets("出荷").Sort.SortFields.Add Key:=Range("A2:A38"), _
        SortOn:=xlSortOnValues, Order:=xlAscending, DataOption:=xlSortNormal
    With ActiveWorkbook.Worksheets("出荷").Sort
        .SetRange Range("A1:Q38")
        .Header = xlYes
        .MatchCase = False
        .Orientation = xlTopToBottom
        .SortMethod = xlPinYin
        .Apply
    End With
End Sub
```

（1）SortField オブジェクト

　SortField オブジェクトは、並べ替えダイアログの一行分に対応したソートキーについての指定で、レベルの数だけ Add メソッドで追加します。

　その主な引数は以下の通りです。

① Key:=Range("A2:A38")

並べ替えで着目する列（ソートのキー項目）の指定で、ここでは A 列、すなわち、「No」順を指定しています。

② SortOn:=xlSortOnValues

並べ替えの基準で、ここではセルの値で並べ替えることを示しています。他に、文字の色やアイコンを指定することができます。

③ Order:=xlAscending

データの順序で、以下のどちらかを指定します。

- xlAscending：昇順（小→大）小さい順
- xlDescending：降順（大→小）大きい順

（2）Sort オブジェクトとそのプロパティ

また、Sort オブジェクトには以下のプロパティがあります。

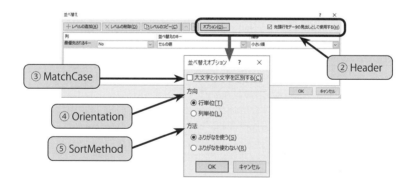

① SetRange Range("A1:Q38")

並べ替えのデータ範囲で、空白行や空白列を含まない連続データ範囲を指定します。

② Header = xlYes

並べ替えのデータ範囲の先頭行の見出しの有無を指定します。

③ MatchCase = False

大文字小文字の区別

④ Orientation = xlTopToBottom

データの並べ替えの行列方向。

⑤ SortMethod = xlPinYin

日本語をふりがなで並べ替える

(3) Apply メソッド

以上の Sort オブジェクトを実行します。

(4) With ～ End With 文

キー記録で作った Sort のマクロ命令でも With 文が利用されています。With 文を利用すると、以下の表記法のように、オブジェクトの繰り返しを省略することができます。

一般的なオブジェクト式	With 文による省略形
オブジェクト . プロパティー= 値 オブジェクト . プロパティー= 値	With オブジェクト . プロパティー= 値 . プロパティー= 値 End With

ここでもオブジェクトの指定を省略せずに明記すれば以下のとおりです。

```
ActiveWorkbook.Worksheets("出荷").Sort.SetRange Range("A1:Q38")
ActiveWorkbook.Worksheets("出荷").Sort.Header = xlYes
ActiveWorkbook.Worksheets("出荷").Sort.MatchCase = False
ActiveWorkbook.Worksheets("出荷").Sort.Orientation = xlTopToBottom
ActiveWorkbook.Worksheets("出荷").Sort.SortMethod = xlPinYin
ActiveWorkbook.Worksheets("出荷").Sort.Apply
```

上記のような同じオブジェクトの繰り返しを省略しています。

```
With ActiveWorkbook.Worksheets("出荷").Sort
        .SetRange Range("A1:Q38")
        .Header = xlYes
        .MatchCase = False
        .Orientation = xlTopToBottom
        .SortMethod = xlPinYin
        .Apply
End With
```

（5）システム定数

　また、キー記録で作った Sort のマクロ命令には多くのシステム定数が利用されます。このように、xl で始まる定数は Excel 用のシステム定数です。

- xlSortOnValues
- xlAscending
- xlSortNormal
- xlYes
- xlTopToBottom
- xlPinYin

5.3.3　ソートマクロの留意点

　キー記録でソート命令を生成し、これをマクロとして活用する際に、最も問題となるのは範囲が固定される点です。

```
Key:=Range("A2:A38")
SetRange:=Range("A1:Q38")
```

　つまり、データ行の挿入削除などデータ件数が変更されると、このマクロでは対応できなくなってしまうという点で、データ件数は増減しないという条件付きでなければなりません。
　では、「エラー」フォルダに置く例ではないのですが、Erp503 ソート .xlsm を見てみましょう。
　ここでは、ソートマクロを実行するときに、そのデータの連続領域すなわちデータ件数を調べて、Sort の引数やプロパティを変更するように修正したもので、データ件数が増減しても対応することができます。

```
Option Explicit

Sub Macro4()
'
    Dim キー As String
    Dim データ As String
    Dim 行 As Integer
    Call 範囲(キー, データ)
'
    Range("A1").Select
```

```
    ActiveWorkbook.Worksheets("出荷").Sort.SortFields.Clear
    ActiveWorkbook.Worksheets("出荷").Sort.SortFields.Add Key:=Range("A1:A" & キー), _
        SortOn:=xlSortOnValues, Order:=xlAscending, DataOption:=xlSortNormal
    With ActiveWorkbook.Worksheets("出荷").Sort
        .SetRange Range(データ)
        .Header = xlYes
        .MatchCase = False
        .Orientation = xlTopToBottom
        .SortMethod = xlPinYin
        .Apply
    End With
End Sub
```

データ件数を調べて、文字列に編集する部分は、他のマクロでも引用できるように Private Sub プロシージャとしています。

```
Private Sub 編集(ソートキー As String, データ範囲 As String)
    Dim 行 As Integer
    行 = 1
    Do Until Cells(行, 2).Value = ""
        行 = 行 + 1
    Loop
    行 = 行 - 1
    ソートキー = ソートキー & 行
    データ範囲 = "A1:Q" & 行
End Sub
```

ただし、2列目のセルに Empty 値があるとデータ範囲がそこで途切れてしまいます。また、このマクロにおいても、データ項目数を増やすとなると、対応することはできません。

```
    データ範囲 = "A1:Q" & 行
```

と固定しているためで、1 項目増やすとなれば、

```
    データ範囲 = "A1:R" & 行
```

に改めなければならないためです。

5.4 計算式のキー記録マクロ

　キー記録で計算を行うと、計算結果としての値が格納されるのではなく、計算式として設定されますから、参照元の値が変更されると、自動再計算されることになります。

5.4.1 計算マクロとその実行

　「サンプル」フォルダの Smp504 計算式 .xlsm には4つのマクロがあるので、順に見てみましょう。

(1) Macro1

　これは、キー記録で作った合計を求めるマクロです。

```
Sub Macro1()
    Range("A10").Select
    ActiveCell.FormulaR1C1 = "合計"
    ActiveCell.Characters(1, 2).PhoneticCharacters = "ゴウケイ"
    Range("B10").Select
    Application.CutCopyMode = False
    ActiveCell.FormulaR1C1 = "=SUM(R[-8]C:R[-1]C)"
    Range("B11").Select
End Sub
```

　実行すると以下のように合計が追加されます。

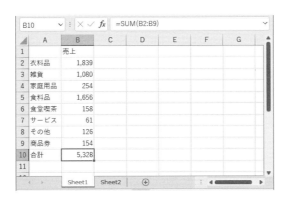

マクロで、セルに計算式を設定するには、

● Formula プロパティ：A1 形式で式を設定取得
● FormulaC1R1 プロパティ：R1C1 形式で式を設定取得

のどちらかによって、「=」から始まる文字列として指定します。

ただし、このマクロに限らず、キー記録で計算式を設定すると、FormulaR1C1 プロパティが利用されます。これはワークシートの列表記を R1C1 方式から A1 方式に変えても、つまり列表記とは無関係に、常に FormulaR1C1 プロパティが利用されます。

なお、Sum 関数の引数 R[-8]C:R[-1]C とは、

8 行前の同じ列から 1 行前の同じ列の範囲
R[-8]　　　C　　：　　R[-1]　　　C

を示します。

また、キー記録では、汎用的、定型的に命令を生成するため、特に無くても支障のない命令も機械的に生成されています。

```
ActiveCell.Characters(1, 2).PhoneticCharacters = "ゴウケイ"    '漢字のフリガナ
Application.CutCopyMode = False                               '切り取りやコピーなし
```

これらは削除してしまっても、ここでは支障はありません。

(2) Macro2

これもキー記録で構成比率を計算したマクロです。

```
Sub Macro2()
    Range("C1").Select
    ActiveCell.FormulaR1C1 = "構成比率"
    ActiveCell.Characters(1, 4).PhoneticCharacters = "コウセイヒリツ"
    Range("C2").Select
    ActiveCell.FormulaR1C1 = "=RC[-1]/R10C2*100"
    Range("C3").Select
End Sub
```

ここでは衣料品の構成比率を計算します。

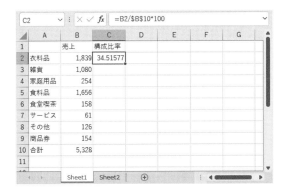

マクロで指定した計算式

```
ActiveCell.FormulaR1C1 = "=RC[-1]/R10C2*100"
```

は、A1 形式の列表記では

```
=B2/$B$10*100
```

として展開されています。つまり、"RC[-1]" とは、同じ行の 1 列左側のセル（B2）を示す**相対番地**表現で、一方 "R10C2" は、10 行 2 列（"B10"）を示す絶対番地表現なので、どこにコピーしても移動量によって調整されることはありません。

(3) Macro3

これは計算した構成比率を他の商品にコピー & ペーストするマクロです。

```
Sub Macro3()
    Range("C2").Select
    Selection.Copy
    Range("C3:C9").Select
    ActiveSheet.Paste
End Sub
```

以下のように全データの構成比率がコピー & ペーストされます。

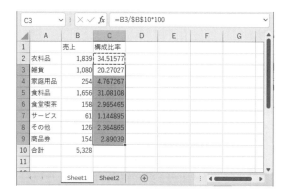

キー記録によるコピー＆ペーストは、キー操作を忠実に命令に置き換えています。

キー操作	生成されるマクロ命令
セル C2 を選択する	Range("C2").Select
［Ctrl］＋［C］キー、またはメニューからコピーする	Selection.Copy
C3 から C9 までのセル範囲を選択する	Range("C3:C9").Select
［Ctrl］＋［V］キー、またはメニューから貼り付ける	ActiveSheet.Paste

　最後の Paste メソッドのオブジェクトが ActiveSheet となっている以外は予想通りの命令が生成されています。

(4) Macro4

　最後は、書式設定マクロです。

```
Sub Macro4()
    Range("C2:C9").Select
    Selection.NumberFormatLocal = "0.00000"
    Selection.NumberFormatLocal = "0.0000"
    Selection.NumberFormatLocal = "0.000"
    Selection.NumberFormatLocal = "0.00"
    Selection.NumberFormatLocal = "0.0"
End Sub
```

　以下がその実行結果です。

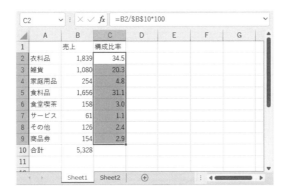

最後の一行だけあればいいのですが、キー記録マクロで、**ホームタブ→数値：小数点以下の表示桁数を減らす**ボタンを押すたびに、命令が生成されてしまいます。

5.4.2　計算マクロのエラーとその対策

「エラー」フォルダにある Erp504 計算式 .xlsm を見てみましょう。

以下は Sheet1 にある「計算」ボタンをクリックした結果です。

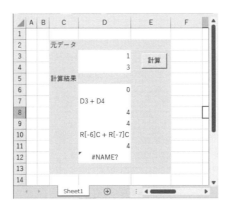

ここでは以下のように、**Formula** または **FormulaR1C1** プロパティで計算式を設定しています。

```
Sub Macro1()
    Cells(6, 4).Formula = D3 + D4
    Cells(7, 4).Formula = "D3 + D4"
    Cells(8, 4).Formula = "=D3 + D4"
    Cells(9, 4).Formula = "=R[-5]C + R[-6]C"
    Cells(10, 4).FormulaR1C1 = "R[-6]C + R[-7]C"
    Cells(11, 4).FormulaR1C1 = "=R[-7]C + R[-8]C"
    Cells(12, 4).FormulaR1C1 = "=D3+D4"
End Sub
```

ただし、正しく計算できているのは、

```
Cells(8, 4).Formula = "=D3 + D4"
Cells(9, 4).Formula = "=R[-5]C + R[-6]C"
Cells(11, 4).FormulaR1C1 = "=R[-7]C + R[-8]C"
```

だけで、ここから以下のようにまとめることができます。

- 計算式は、「=」から始めた文字列として指定する
- FormulaR1C1 プロパティには R1C1 形式の計算式を指定する

第6章

ユーザーフォーム

先にみた MsgBox のようなダイアログボックスを、ユーザー自身が作り、利用することができます。しかもそれは

- MsgBox のような定型的なダイアログボックスではなく
- 決められたボタンの組み合わせから選ぶのではなく
- きめ細かな制御が可能な ActiveX コントロールを活用できる

より活用範囲の広いユーザーフレンドリーなダイアログボックスを設計、活用することが期待できます。これからそのユーザーフォームの使い方を見ていくことにしましょう。

6.1 ユーザーフォームの基本

6.1.1 コイントスゲームの実行

では、「サンプル」フォルダの Smp601 ユーザーフォーム .xlsm を読み込み、マクロを有効にしたら、**開発タブ→コード：マクロ**で表示されるマクロ一覧から、「コイントス」マクロを実行してみましょう。すると表示される以下のダイアログボックスが**ユーザーフォーム**です。

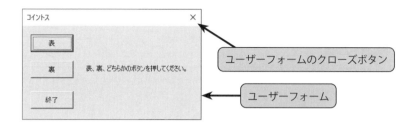

このユーザーフォームにある四角い 3 つの箱、「表」、「裏」、「終了」をボタンといいます。ただし、これまでにワークシートに貼り付けたボタンではなく、ここで利用しているのは ActiveX コントロールの**コマンドボタン**です。終了するためにはこの「終了」ボタンをクリックするか、「×」ボタンでユーザーフォームを閉じます。ただし、ユーザーフォームが消えるだけで、マクロを含む Excel のブック本体（Smp601 ユーザーフォーム .xlsm）はメモリ上に残っています。

ここで、「表」か「裏」のボタンを選択して、コンピュータが投げたコインと一致すれば「あなたの勝ち」、外れれば「あなたの負け」と結果が表示されます。最後に「終了」ボタンをクリックすると、勝敗を表示します。この結果や勝敗を表示するのが、**ラベル**です。つまり、このユーザーフォームは、コマンドボタンとラベルという 2 つのコントロールを利用しています。

6.1.2 コイントスゲームの処理内容

それでは、このマクロがどのように構成されているのか見てみましょう。

(1) 標準モジュール

この「コイントス」マクロもこれまでのマクロと同じように、標準モジュールにあります。

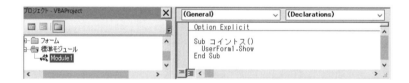

ただし、標準モジュールの Module1 にある、「コイントス」マクロには、

```
UserForm1.Show
```

というたった 1 つの命令文があるだけです。つまりこの **Show** メソッドによって、先に見たコイントスというユーザーフォームが表示されるわけですが、それ以降の処理すべては、UserForm1 で行っていることになります。

(2) ユーザーフォームの構成

ではユーザーフォームを見てみましょう。そのためには、VBE のプロジェクトエクスプローラ
ウィンドウで、「UserForm1」をダブルクリックします。

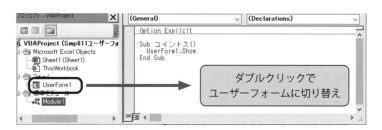

ユーザーフォームは、ボタンなどの操作の対象（オブジェクト）と、その操作に対応したイベ
ントプロシージャ（コード）から成り立っています。

ユーザーフォーム	
オブジェクト	コード
各種コントロール（ActiveX コントロール）を操作対象（オブジェクト）とするダイアログボックス 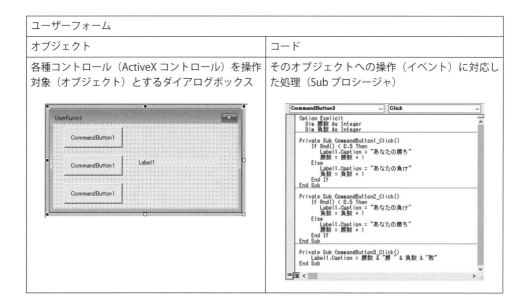	そのオブジェクトへの操作（イベント）に対応した処理（Sub プロシージャ）

(3) ユーザーフォームのオブジェクト

ユーザーフォームのオブジェクトとは、部品としてのコントロールで、コイントスのユーザー
フォームでは以下の 4 つのコントロールを利用しています。

コントロール	Caption
CommandoButton1	表
CommandoButton2	裏

コントロール	Caption
CommandoButton3	終了
Label1	表、裏、どちらかのボタンを押してください。

これらを操作の対象としてのオブジェクトといい、それぞれ **Caption** というプロパティがあるので Caption を変更することで、ダイアログボックスとしての体裁を整えることができます。

Captionを変更する前のユーザーフォーム

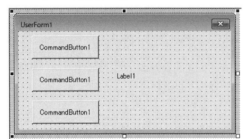

Captionを変更した後のユーザーフォーム

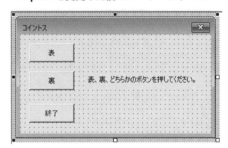

(4) ユーザーフォームのコード

ユーザーフォームに関する処理は**イベントプロシージャ**として記述します。これはユーザーがコントロールに行った操作（イベント）に対応するプロシージャで、このコイントスゲームには以下の 3 つのイベントプロシージャが定義されています。

プロシージャ名	実行される時
CommandButton1_Click	「表」ボタンがクリックされた時
CommandButton2_Click	「裏」ボタンがクリックされた時
CommandButton3_Click	「終了」ボタンがクリックされた時

このように、イベントプロシージャの名前は、これまでの Sub プロシージャのように任意に命名するのではなく、

コントロール名_イベント

というように決められています。つまり名前をみれば、どのオブジェクト（コントロール）へのどんな操作（イベント）に対応した Sub プロシージャかを明示しているわけです。

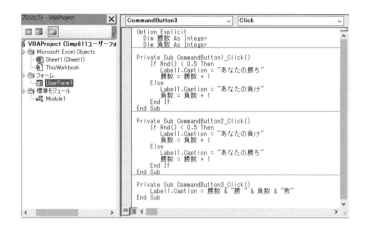

① CommandButton1_Click

CommandButton1 ボタン（表）がクリックされたときの処理を見てみましょう。

```
Private Sub CommandButton1_Click()
    If Rnd() < 0.5 Then
        Label1.Caption = "あなたの勝ち"
        Cells(41, 1).Value = Cells(41, 1).Value + 1        勝数
    Else
        Label1.Caption = "あなたの負け"
        Cells(42, 1).Value = Cells(42, 1).Value + 1        負数
    End If
End Sub
```

ここでは、実際にコインをトスする代わりに乱数を発生させ、出た数が

● 0.5 未満であれば、コインは表とし、「あなたの勝ち」と判断し、

● 0.5 以下であれば、コインは裏、すなわち、「あなたの負け」と判断し、

それぞれの回数をセルにカウントしておきます。

② CommandButton2_Click

基本的には、CommandButton1 と同じ処理で、

● 0.5 未満であれば、コインは表と判断し、「あなたの負け」とし、

● 0.5 以下であれば、コインは裏、すなわち、「あなたの勝ち」と判断します。

③ CommandButton3_Click

最後に、「終了」ボタンがクリックされたときに実行するプロシージャを見てみましょう。

```
Private Sub CommandButton3_Click()
    Label1.Caption = Cells(42, 1).Value & "勝 " & Cells(41, 1).Value & "敗"
End Sub
```

最後に、勝数と、負数を Label の Caption に格納することで、ユーザーフォームに表示して終了します。

(5) ユーザーフォームのオブジェクトとコードの画面切り替え

以上のように、ユーザーフォームのオブジェクトとコードは、共に VBE のコードウィンドウに表示されます。説明の便宜上、この 2 つを

- オブジェクト・ビュー（オブジェクトを表示）
- コード・ビュー（コードを表示）

として区別します。また、これを、切り替えるには以下のようにいくつかの方法があります。

① VBE の表示メニュー

VBE メニューの**表示→コード**、**表示→オブジェクト**によってコードウィンドウのビューを切り替えます。

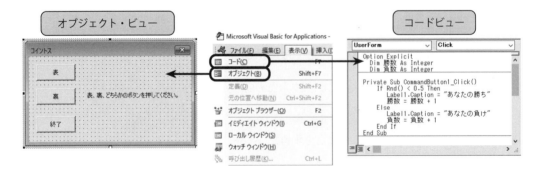

②プロジェクトエクスプローラウィンドウのボタン

プロジェクトエクスプローラの左上隅のボタンで切り替えることもできます。

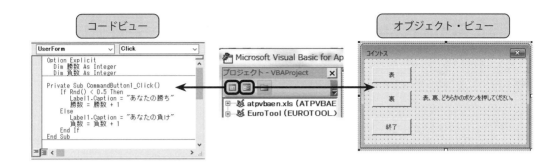

③コードウィンドウの多重表示

もし、大きなスクリーンであれば、コードウィンドウの多重表示も可能です。

VBE メニューの**ウィンドウ→上下に並べて表示**を選択すると、以下のように、すべてを一覧することができます。

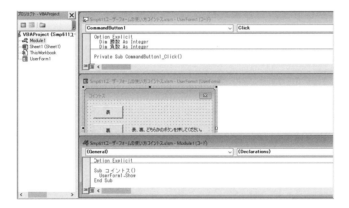

同様に、VBE メニューの**ウィンドウ→重ねて表示**を選択すると、裏側に隠れて表示されるので、必要なものを前面に出すことも可能です。

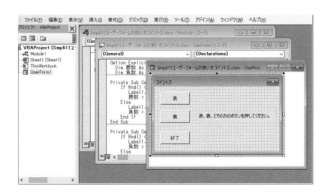

6.1.3 コイントスゲームの作り方

では、このマクロの作り方を見てみましょう。それは、ユーザーフォームの作り方でもあります。

(1) ユーザーフォームの挿入

はじめに、VBE メニューの**挿入→ユーザーフォーム**を選択して、ユーザーフォーム（UserForm1）を挿入します。

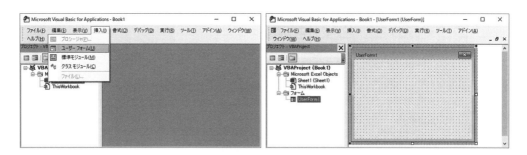

UserForm1 を挿入するとオブジェクトビューにユーザーフレームが現れます。その見出しを「コイントス」に書き換えるために、UserForm1 が選択されている状態で**表示→プロパティウィンドウ**を選択し、UserForm1 のプロパティ一覧を表示し、その中の Caption プロパティを「UserForm1」から「コイントス」に書き換えます。

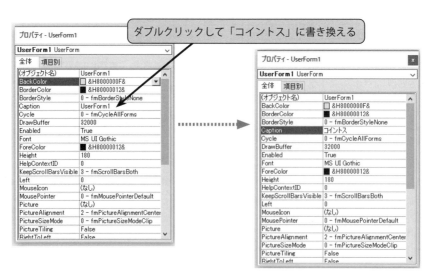

(2) オブジェクトの配置

　つづいて、オブジェクトとなるコントロールを配置します。そのために、ツールボックスが表示されていなければ、VBE のメニューで**表示→ツールボックス**を選び、以下のツールボックスを表示します。

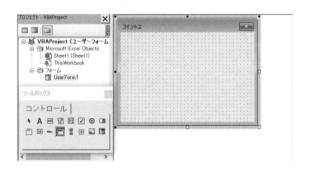

　なお、ここで利用するのはフォームコントロールではなく、ActiveX コントロールだけです。各アイコンにマウスポインタを重ねると、コントロールの種類が表示されるので、その中から、コマンドボタンを選択し、マウスポインタが＋に変わったら、コントロールを配置する始点に移動し、マウスの右ボタンを押したまま、終点までドラッグし、終点で離すと、コマンドボタンが配置されます。

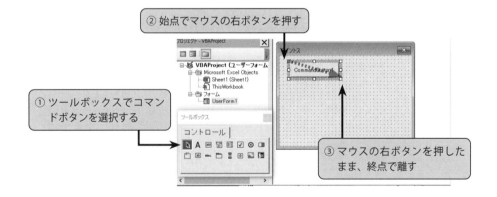

N 番目に作ったコマンドボタンは、CommandButtonN というコントロール名と Caption になっていますので、その Caption を書き換えます。VBE の**表示→プロパティウィンドウ**によって、プロパティウィンドウを表示し、その中の Caption をやはりダブルクリックして、「CommandoButton1」から「表」に書き換えます。

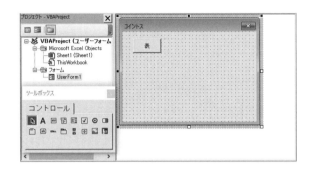

同様の手順によって、もう二つコマンドボタンを挿入し、それぞれ Caption を「裏」、「終了」に書き換えておきます。

最後にラベルを挿入し、その Label1 の Caption を「Label1」から「表、裏、どちらかのボタンを押してください。」というように書き換えておきます。

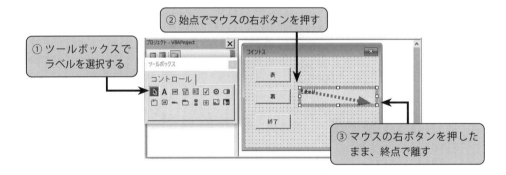

(3) イベントプロシージャの入力

つづいて、ユーザーフォームに張り付けたコントロールに対するイベントプロシージャを入力します。このイベントプロシージャの作り方には、以下の 3 つの方法があります。

①オブジェクト・ビューのコントロールをダブルクリック

VBE のコードウィンドウのオブジェクト・ビューで、「表」（Commandbutton1）をダブルクリックすると、以下のイベントプロシージャがコード・ビューに生成されます。

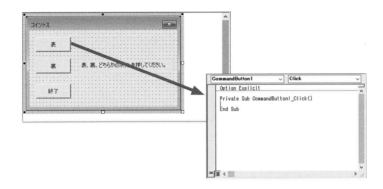

　これは、CommandButton1 が Click された時に実行するイベントプロシージャなので、その処理内容を入力します。記述する VBA の命令はこれまでの標準モジュールと何ら変わりません。

　ここでは Private Sub ですから、コマンドボタンを通して呼び出される従属的なプロシージャとして宣言されています。

②コピー＆ペースト

　2つ目の方法は、コピー＆ペーストによってイベントプロシージャを作る方法です。たとえば、「裏」（Commandbutton2）ボタンがクリックされた時の処理を、すでにできている CommandButton1_Click をコピー＆ペーストし、必要な修正によって完成させることも可能です。

③直接入力

もちろん、タイプミスに細心の注意を払えば、すべてをタイプ入力することも可能です。

```
Private Sub CommandButton3_Click()
    Label1.Caption = Cells(42, 1).Value & "勝 " & Cells(41, 1).Value & "敗"
End Sub
```

(4) 標準モジュールの挿入

最後に、実行単位としてのマクロを標準モジュールに作ります。そこで、VBE の**挿入→標準モジュール**によって、標準モジュールを挿入します。

標準モジュールで、これまでに作った UserForm1 を **Show** メソッドによって呼び出します。

以上でマクロは完成です。マクロ有効ブックとして保存しテストしてみましょう。

6.1.4 ユーザーフォームの留意点

ユーザーフォームでも、これまでに見たエラーは検出されます。さらに、ユーザーフォーム特有のエラーもあるので、「エラー」フォルダにある Erp601 ユーザーフォーム .xlsm にある、「エラー」

マクロを見ながら留意点をまとめてみましょう。

　マクロ一覧から「エラー」マクロを実行すると、「コイントス」のユーザーフォームが現れます。

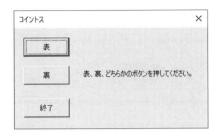

　ここで、「表」または「裏」ボタンをクリックすると、VBE のコードウィンドウに切り替わり、以下のエラーが検出されます。

　このように、ユーザーフォーム自体は正常に起動しても、イベントプロシージャが実行されてから、エラーが検出される場合があります。ここで検出されているのは、Label の未定義エラーです。

　そこで、「エラー」マクロのオブジェクトを調べます。

　コードウィンドウの先頭行の左側のオブジェクトボックスの下矢印ボタンで、オブジェクトの一覧を表示します。

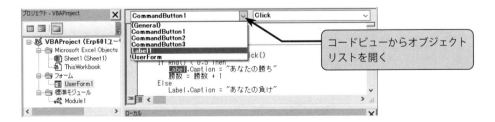

コードビューからオブジェクトリストを開く

やはり、「Label1」は存在していますが「Label」は存在していません。このように、オブジェクトを引用する場合もスペルミスは許されません。

6.2 コマンドボタン制御

ユーザーフォームにおいても、コマンドボタンが使えることは前節で見た通りですが、ワークシートに貼り付けたフォームコントロールのボタンよりも、ActiveX コントロールのボタンでは、さらにきめ細やかな制御ができます。具体的にどんな制御かをみて見ましょう。

6.2.1 コマンド制御マクロの実行

以下は、「サンプル」フォルダの Smp602 コマンドボタン制御 .xlsm にある「コマンドボタン制御」マクロを実行した様子です。

ここで「チェックポイント 1」ボタンをクリックすると、確認の MsgBox が表示されるので、「はい（Y）」ボタンをクリックすると、次のステージに移行し、ユーザーフォームに「チェックポイント 2」ボタンが現れ、逆に「チェックポイント 1」ボタンは選択できなくなっています。

　ここまでくると、チェックポイント1には戻れないというわけです。ここでも「チェックポイント2」ボタンをクリックすると、MsgBox が表示されるので、ここでも「はい（Y）」ボタンをクリックすると、「チェックポイント2」ボタンも選択できなくなっています。

　そこで、「終了」ボタンをクリックすると、MsgBox が表示され、「OK」ボタンをクリックすると、一連のプロセスを終了します。

6.2.2 コマンド制御マクロの処理内容

（1）ユーザーフォームのオブジェクト

　このユーザーフォームには以下のオブジェクトがあります。

コントロール	Caption
UserForm1	工程管理
CommandButton1	チェックポイント1
CommandButton2	チェックポイント2
CommandButton3	終了

　なお、このマクロでは、コマンドボタンの以下の2つのプロパティを書き換えることで、プロセスの移行に伴う制御をしています。

コマンドボタンのプロパティ	用途
Visible	コマンドボタンの表示（True）、非表示（False）を切り替える
Enabled	コマンドボタンの有効（True）、無効（False）を切り替える

　では具体的に処理内容を見てみましょう。

(2) UserForm1 モジュールのコード

①グローバル変数

ユーザーフォーム内のすべてのプロシージャに共通なグローバル変数として以下の 2 つの変数を使用しています。

```
Option Explicit
Dim プロセス1 As Date
Dim プロセス2 As Date
```

またこのマクロには以下の 4 つのイベントプロシージャがあります。

②ユーザーフォームの初期化

```
Private Sub UserForm_Initialize()
    CommandButton1.Visible = True
    CommandButton2.Visible = False
End Sub
```

これは、ユーザーの操作に基づくイベントではなく、ユーザーフォームの表示に先立って実行される UserForm コントロールの Initialize イベントのイベントプロシージャです（UserForm1_Initialize() **ではない**点に注意してください）。

なお、ここではコマンドボタンのプロパティを以下のように書き換えています。

CommandButton1　　表示
CommandButton2　　非表示

③ CommandButton1 ボタンがクリックされた時の処理

```
Private Sub CommandButton1_Click()
    Dim 応答 As Integer
    応答 = MsgBox("チェックポイント1を終了しますか？", vbYesNo)
    If 応答 = vbYes Then
        CommandButton1.Enabled = False
        CommandButton2.Visible = True
        プロセス1 = Now          ← 「プロセス 1」はグローバル変数で、
    End If                          このプロシージャでも有効
End Sub
```

MsgBox の戻り値が Yes であれば、

```
CommandButton1.Enabled = False      ' ボタンを無効。ボタンは見えている
CommandButton2.Visible = True       ' ボタンを表示
```

に変更します。

また「プロセス 1」というグローバル変数に Now 関数で、現在日時、時刻を設定しています。

④ CommandButton2 ボタンがクリックされた時の処理

```
Private Sub CommandButton2_Click()
    Dim 応答 As Integer
    応答 = MsgBox("チェックポイント2を終了しますか？", vbYesNo)
    If 応答 = vbYes Then
        CommandButton2.Enabled = False
        CommandButton3.Visible = True
        プロセス2 = Now
    End If
End Sub
```

ここでも MsgBox の戻り値が Yes であれば、今度は「プロセス 2」に Now 関数で取り出した現在日時を格納し、終了ボタンを表示します。

```
CommandButton2.Enabled = False      ' 無効
CommandButton3.Visible = True       ' 表示
```

⑤ CommandButton3 ボタンがクリックされた時の処理

```
Private Sub CommandButton3_Click()
    Call MsgBox("全プロセスを終了します。" & vbCrLf & _
        " チェックプロセス1=" & Format(プロセス1, "yyyy/mm/dd hh:mm:ss") & vbCrLf & _
        " チェックプロセス2=" & Format(プロセス2, "yyyy/mm/dd hh:mm:ss"))
    Unload Me
End Sub
```

ここでも全プロセスが終了したことを MsgBox で表示します。ただし、ここではユーザーの反応を取り込む必要はないので、MsgBox をサブルーチンとしています。

また、ここで使用している **vbCrLf** とは Visual Basic のシステム定数で、「復帰改行」という昔の
タイプライタ用のシステム定数です。たとえば、

```
"ABC" & vbCrLf & "DEF"
```

は、

```
ABC
DEF
```

と表示されることになります。

　最後に、ユーザーフォームを表示するときは Show メソッドで、閉じるときは **Unload** 文と違和
感もありますが、ユーザーフォムを閉じて処理を終了します。

6.2.3 コマンド制御マクロの作り方

（1）コントロールのプロパティ

　以上のように、コマンドボタンのプロパティは、マクロの実行に伴って変更することができま
すが、その初期値は、プロパティ・ウィンドウで設定することもできます。

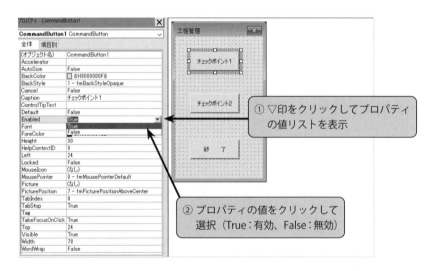

(2) UserForm の Initialize プロシージャ

これまではイベントプロシージャを

- オブジェクト・ビューのコントロールをダブルクリック
- コピー & ペースト
- 直接入力

といった方法で作ってきました。ただし、この Initialize プロシージャはコマンドボタンのように
コントロールをダブルクリックして作ることはできません。そこで、VBE のコードウィンドウ
にある最上行を使ってイベントプロシージャを入力します。

①オブジェクトの選択

コードウィンドウの左上端にあるオブジェクトボックスのプルダウンリストを開き、オブジェ
クトリストから UserForm を選択します。

②イベントプロシージャの選択

続いて、コードウィンドウの右上端にあるイベントボックスのプルダウンリストを開き、イベ
ントリストから Initialize を選択します。

③イベントプロシージャの入力

以上で、ユーザーフォームの初期化プロシージャができているので処理内容を入力すれば完成
です。

また、オブジェクトとイベントを選ぶ過程で余計なイベントプロシージャができる場合は、そのまま放置しておいても害はありませんが、削除しても構いません。

6.2.4 ユーザーフォームの初期化における留意点

ユーザーフォームにおいても、これまでに見たコンパイルエラーも実行時エラー、論理エラーもありますが、加えてユーザーフォーム固有のエラーもあります。そんな例を「エラー」フォルダにある Erp602 コマンドボタン .xlsm について見てみましょう。

(1) エラー1マクロ

はじめに、「エラー1」マクロを実行すると、以下のユーザーフォームが現れます。

特にエラーが出るわけでもなく、すべてのボタンが有効に表示されています。逆に、以下のInitialize プロシージャは機能していません。

```
Private Sub UserForm1_Initialize()
    CommandButton1.Enabled = True
    CommandButton2.Enabled = False
    CommandButton3.Enabled = False
    CommandButton1.Visible = False
End Sub
```

　つまり、ここで自動的に実行されるのは UserForm_Initialize() であって、UserForm**1**_ Initialize() ではありません。これは単に存在しているだけで、実行されることのないイベントプロシージャというわけです。

(2) 「エラー 2」マクロ

　「エラー 2」マクロを実行すると、以下のエラーが検出されます。

　どこでエラーとなっているのか、「デバッグ」ボタンをクリックすると、VBE のコードウィンドウにエラー箇所が表示されます。

　UserForm2 でエラーを起こしていることは分かりますが、UserForm2 の中のどこかまでは示しくれません。しかし、「これではお手上げだ！」と投げ出すのは早計です。手立てはあります。

①ステップ実行

　1 命令ずつ実行させるステップ実行は、こうしたユーザーフォームにおいても有効です。

根気よく［F8］キーを押し続ければ、エラー箇所にたどり着くことができます。

②ブレイクポイントの活用

何の操作もしないうちにエラーが検出されるということは、自動的に実行されているわけですから、UserForm_Initialize プロシージャにブレイクポイントを設定して実行するのも一方法です。

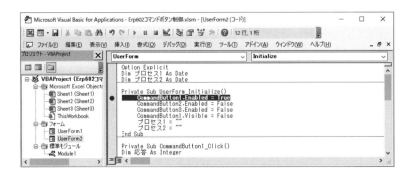

止めたいポイントにブレイクポイントを設定して実行すると、ブレイクポイントの直前で停止しますから、あとはステップ実行によって確認することができます。

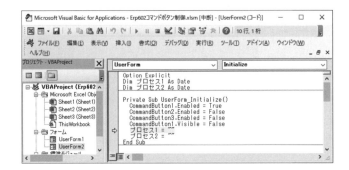

こうして、何とか進めれば、日付型のデータに「""」という文字列は代入できないというエラーを突き詰めることができます。

6.3 テキストボックス

　ユーザーフォームで用いるテキストボックスは単に「テキストを入力する箱」ではありますが、ActiveX コントロールとしての多様な使い方ができるようになっています。それは、テキストボックスに関するイベントプロシージャの豊富さによるものです。

区分	イベント	発生のタイミング
マウス操作	MouseDown	マウスボタンを押したとき
	MouseMove	マウスポインタを移動したとき
	MouseUp	マウスボタンを離したとき
	DblClick	ダブルクリックしたとき
キーボード操作	KeyDown	キーが下げられるとき
	KeyPress	キーが押されたとき
	KeyUp	キーが上がるとき
フォーカス	Enter	フォーカスが他のオブジェクトから入ったとき
	Exit	フォーカスが他のオブジェクトに移るとき
内容（Text）の変更	Change	Text に文字が追加削除されたとき
	AfterUpdate	Text の変更が［Enter］キーなどで確定したとき

　代表的なイベントプロシージャについて、その働きをみてみましょう。

6.3.1 テキストボックス・マクロの実行

　以下は「サンプル」フォルダの Smp603 テキストボックス .xlsm にある「テキストボックス」マクロを実行した様子です。

まず、箱1にカーソルが現れ、これ以降タイプされるキーは、箱1に入力されます。

箱1に文字を入力したら［Enter］キーを押して箱1への入力を確定すると、フォーカスは箱1から出て、箱2へ移り、今度は箱2がフォーカスを取得します。

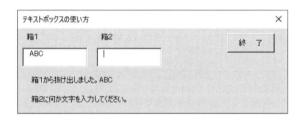

したがって、これ以降タイプされるキーは、箱2に入力されます。

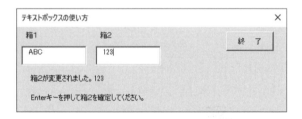

［Enter］キーでなく、マウスポインタで他のコントロールをクリックすることによっても、フォーカスは箱2から出て、箱1へ移ります。

このようにユーザーフォームのフォーカスは、次のプロパティーによって制御されています。

TabStop	フォーカス移動の可否を指定する True：フォーカスを取得（ストップ）する False：フォーカスを取得しない。
TabIndex	フォーカスの移動の順序を指定する。最大値の次は最小値に移ることで循環する

6.3.2 テキストボックス・マクロの処理内容

以上のマクロがどのように構成されているのか見てみましょう。ここでも、標準モジュールの「テキストボックス」マクロでは、UserForm1 を表示しているだけです。

(1) UserForm1 のオブジェクト

そこで、UserForm1 を見てみましょう。

UserForm1 のオブジェクトは以下の 7 つです。

コントロール	オブジェクト名	Tabstop	TabIndex	Caption
Label1	Label1	False		箱 1
Label2	Label2	False		箱 2
TextBox1	箱 1	True	1	
TextBox2	箱 2	True	2	
Label3	状態	False		マクロを開始します
Label4	指示	False		テキストボックス（A）に何か文字を入力してください。
CommandButton1	終了	False		終　了

　ここでは、「TextBox1」を「箱 1」、「Label3」を「状態」、「CommandButton1」を「終了」、……というように、オブジェクト名を規定値から利用者名に変更しています。

　これらの名前も変数名の命名規則に準じて任意に命名することができますが、他の変数名やSub プロシージャ名と重複することは許されません。ただし、Caption は注釈のように、重複していてもエラーになることはありません。

　また、TabStop プロパティはそのオブジェクトが選択（フォーカスを取得）できるかどうかを示すプロパティで、ここでは 2 つの箱だけがフォーカスを取得します。また TabIndex プロパティは、その選択の順序を示しています。したがって、ここでのフォーカスは「箱 1」と「箱 2」の間を移動することになります。

(2) イベントプロシージャ

　ではこれらのオブジェクトに対応したイベントプロシージャを見てみましょう。

①箱 1 のフォーカス取得

　UserForm1 が表示されると、最初の Tabstop が True のコントロールすなわち、箱 1 にフォーカスが移ります。そこで、TextBox1_Enter が実行されることになります。

```
Private Sub 箱1_Enter()
    箱1.Text = ""
    状態.Caption = "箱1がフォーカスを取得しました。"
    指示.Caption = "箱1に何か文字を入力してください。"
End Sub
```

②箱 1 への文字入力

　つづいて箱 1 に文字がタイプされるたびに、箱 1_Change() が駆動されます。

```
Private Sub 箱1_Change()
    状態.Caption = "箱1が変更されました。" & 箱1.Text
    指示.Caption = "Enterキーを押して箱1を確定してください。"
End Sub
```

③箱1の内容確定

続いて、［Enter］キーを押すことによって、箱1の内容が確定し、フォーカスが他へ抜け出すときに、以下が駆動されます。

```
Private Sub 箱1_Exit(ByVal Cancel As MSForms.ReturnBoolean)
    状態.Caption = "箱1から抜け出しました。" & 箱1.Text
    指示.Caption = "箱2に何か文字を入力してください。"
End Sub ""
```

④箱2のフォーカス取得

また、箱1から抜け出したフォーカスは箱2に移るので、箱2_Enter が駆動されます。

```
Private Sub 箱2_Enter()
    箱2.Text = ""
    状態.Caption = "箱2がフォーカスを取得しました。"
    指示.Caption = "箱2に何か文字を入力してください。"
End Sub
```

⑤箱2の文字入力

ここでも、文字が入力されるたびに箱2_Change が実行されます。

```
Private Sub 箱2_Change()
    状態.Caption = "箱2が変更されました。" & 箱2.Text
    指示.Caption = "Enterキーを押して箱2を確定してください。"
End Sub
```

⑥箱2の確定

リターンキーを押すと、箱2の入力が確定して、箱2_Exit を実行します。

```
Private Sub 箱2_Exit(ByVal Cancel As MSForms.ReturnBoolean)
    状態.Caption = "箱2から抜け出しました。" & 箱2.Text
    指示.Caption = "箱1に何か文字を入力してください"
End Sub
```

⑦**終了ボタンのクリック**

以上を繰り返すわけですが、最後に終了ボタンがクリックされると、終了 _Click が実行されます。

```
Private Sub 終了_Click()
    指示.Caption = "ユーザーフォームを終了します。"
    Call MsgBox("終了します", vbOKOnly)
    Unload Me
End Sub
```

6.3.3 テキストボックスの作り方

（1）ユーザーフォームの挿入

ここでも、まずユーザーフォームを挿入し、ユーザーフォームから作っていきます。

（2）コントロールの配置

ここでは、以下のような 7 つのコントロールを貼り付けます。

テキストボックスを作る場合も、ツールボックスからテキストボックスを選び、マウスポインタを始点でマウスボタンを押したまま終点までドラッグして離すと四角い枠としてのテキストボックスを作ります。

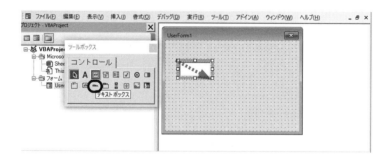

テキストボックスには以下のようなプロパティがあります。

Font	書体とそのサイズ	
FontColor	文字の色	
IMEMode	入力モードを以下のように設定する。	
	fmIMEModeNoControl	変更しない（入ってくる前の状態を保つ）。 ユーザーが切り替えることはできる。
	fmIMEModeOn	全角モードに切り換える。 ユーザーが半角にすることはできる。
	fmIMEModeOff	半角モードに切り換える。 ユーザーが全角にすることはできる。
	fmIMEModeDisable	半角モードに切り換える。 ユーザーは全角にすることはできない。

　これらは、プロパティウィンドウで書き換えたり、リストによる一覧表示やダイアログボックスから選択することができます。

6

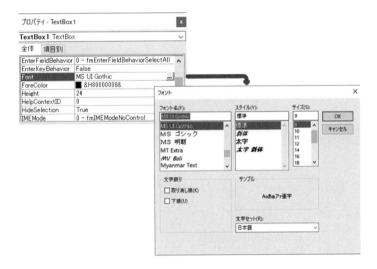

　ここでは、テキストボックスをもう一つ、Label を 4 つ、CommandButton を 1 つ貼り付けます。

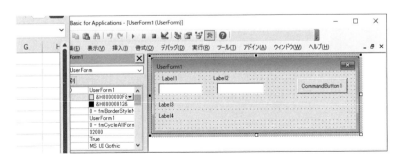

つづいて、Label の Caption を以下のように書き換えておきます。

Label1	箱 1
Label2	箱 2
Label3	マクロを開始します
Label4	何か文字を入力してください。

(3) オブジェクト名の変更

さらに、オブジェクト名を分かりやすい任意の名前に変更します。たとえば、「CommandButton1」を「終了」と変更する場合には、プロパティウィンドウのオブジェクト名をダブルクリックして書き換えます。

ここではオブジェクト名を以下のように変更します。

既定のオブジェクト名	変更したオブジェクト名
Label3	状態
Label4	指示
TextBox1	箱 1
TextBox2	箱 2
CommandButton1	終了

(4) イベントプロシージャの作成

ユーザーフォームのオブジェクトができたら、そのイベントプロシージャを作ります。

①終了ボタンのクリック

オブジェクト・ビューの「終了」ボタンをダブルクリックすることで、そのイベントプロシージャを生成し、必要な処理コードをタイプします。

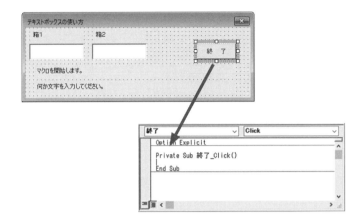

ここで、オブジェクト名が変更されていれば、イベントプロシージャも変更後の名前が適用されます。

②テキストボックスのイベントプロシージャ

テキストボックスへのイベントを指定する場合には、コード・ビューの最上行を利用してイベントプロシージャを生成します。

まず、左側の**オブジェクトボックス**の▽印をクリックしてプルダウンリストを表示し、箱1（TextBox）を選択します。

つづいて、右側の**イベントボックス**の▽印をクリックしてプルダウンリストを表示し、そのテキストボックスに対応するイベントを選択します。

たとえば、選択したオブジェクト（箱1）についてのイベント（Exit）を選択することで、以下のように、箱1_Exitプロシージャを作ることができます。

6.3.4 テキストボックス・マクロの留意点

「エラー」フォルダのErp603テキストボックス.xlsmの「エラー」マクロを実行してみましょう。

以下のユーザーフォームは正常に表示され、テキストボックスにも入力はできるのですが、テキストボックスへのイベントプロシージャが正常に機能していないようです。

このユーザーフォームのイベントプロシージャを抜き出してみると、以下のようになっています。

```
TextBox1_Enter()
TextBox1_Change()
TextBox1_Exit(ByVal Cancel As MSForms.ReturnBoolean)
TextBox2_Enter()
TextBox2_Change()
TextBox2_Exit(ByVal Cancel As MSForms.ReturnBoolean)
CommandButton1_Click()
```

これに対して、オブジェクトを調べてみると、以下の通りです。

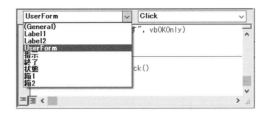

どうやら、イベントプロシージャを作ってから、オブジェクト名を変更したようです。たとえば、オブジェクト名を「TextBox1」から「箱 1」と変更しても、それ以前に作成されている TextBox1 に対するイベントプロシージャのオブジェクト名は元のまま変更されずに残っているというわけです。

結果として、イベントプロシージャは存在しているだけで駆動されることはありません。

6.4 自動実行マクロとパブリック変数

6.4.1 マクロの所在とその実行方法

(1) 標準モジュール

これまでのマクロは、Module1、Module2、……という標準モジュールに格納し、**開発タブ→コード：マクロ**で、表示するマクロ一覧から実行するか、または、ワークシートに貼り付けたボタンに紐づけた Sub プロシージャをそのボタンで実行してきました。

(2) Thisworkbook モジュール

さらに、ワークブックをオブジェクトとする以下のようなイベントプロシージャを定義し、実行させることができます。

Workbook_BeforeClose	ブックを閉じるとき
Workbook_BeforeSave	ブックを保存するとき
Workbook_BeforePrint	ブックを印刷するとき
Workbook_Open	ブックを開いたとき

たとえば、`Workbook_Open` プロシージャを利用すれば、ブックを読み込むと自動的にマクロを実行させることができます。こうしたワークブックをオブジェクトとするイベントプロシージャは標準モジュールではなく、ThisWorkbook モジュールに格納します。

(3) ワークシート・モジュール

また、以下のようなワークシートをオブジェクトとするイベントプロシージャを定義し、対応するイベントによって実行させることができます。

Worksheet_Activate	ワークシートが選択されて、アクティブになるとき
Worksheet_Change	ワークシートのセルの内容が変更されるとき。 ただし、このイベントプロシージャの中でセルの内容を変更すると循環イベントとなってしまうので注意が必要。
Worksheet_Deactivate	他のワークシートが選択されるなど、アクティブでなくなるとき。

これらのイベントプロシージャは、標準モジュールや ThisWorkbook モジュールではなく、ワークシートモジュールに格納します。

ワークシート　　　　　　　　　　ワークシートに属するイベントプロシージャ

ワークシートモジュールとは、ワークシートに含まれるモジュールで、ワークシートをコピーするといっしょにコピーされ、削除するといっしょに無くなってしまいます。

(4) パブリック変数

変数にローカル変数やグローバル変数、パブリック変数があることは見てきましたが、パブリック変数は標準モジュール内だけでなく、ThisWorkbook モジュールやシートモジュールなど、ブック全体に共通して使用することができます。

6.4.2 自動実行マクロの実行

それでは「サンプル」フォルダの Smp604 自動実行 .xlsm を読み込み、マクロを有効にしてみましょう。すると、何もしないうちに、以下のユーザーフォームが現れます。ブックを開いたときにマクロが自動的にユーザーフォームを表示したことになります。

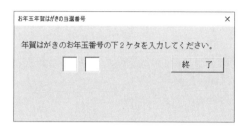

２つのテキストボックスに、お年玉つき年賀はがきの抽選番号の下２桁をタイプすると、以下のような判定結果が表示されます。

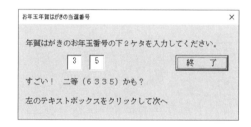

つぎのはがきに移る場合には、左側のテキストボックスをマウスポインタでクリックしてから、上記を繰り返します。

最後に終了ボタンをクリックすると、当選シートに、これまでの履歴が確認できます。

6.4.3 自動実行マクロの実行過程

では、このマクロが、どのように構成され、実行されるのか、その実行プロセスを見てみましょう。

(1) 自動実行マクロ

このブックが読み込まれた時、

- まず、ThisWorkbook が参照され、
- パブリック変数が定義され、
- Workbook_Open プロシージャが実行され、
- 標準モジュールから「年賀はがき」マクロが呼び出されます。

これが自動実行マクロの正体です。

(2)「年賀はがき」マクロ

自動的に呼び出される「年賀はがき」プロシージャは標準モジュールにあります。このように、標準モジュールを作っておけば、マクロ一覧からも実行させることができるのでデバッグする際には便利です。

標準モジュール（Module1）

```
Option Explicit
Public No As String
Public 番号 As String
Public 区分1 As String
Public 区分2 As String

Sub 年賀はがき()
    UserForm1.Show
End Sub
```

　なお、Public 変数はこのように、Workbook_Open プロシージャと重複して宣言してもエラーになることはありません。マクロ一覧から実行する場合には、この標準モジュールの宣言が有効となります。

(3) UserForm_Initialize()

　年賀はがきマクロでは、UserForm1 を表示します。その表示に先立って、UserForm_Initialize() が実行されます。

フォームモジュール（Userform1）

```
Option Explicit
Private Sub UserForm_Initialize()
    Worksheets("当選").Select
    Cells.ClearContents
    Cells(1, 1).Value = "No"
    Cells(1, 2).Value = "下2けた"
    Cells(1, 3).Value = "区分"
    No = 0
    Worksheets("ホーム").Select
End Sub
```

　ここでは「当選」シートに残されている前回の結果をクリアーし、「当選」シートとしての枠組みを作ります。

(4) TextBox1_Change() の実行

　このユーザーフォームでは、TextBox1 のプロパティーが

　　TabStop：True
　　TabIndex：1

となっているので、TextBox1 が最初に選択されます。そこで、何か数字を1けたタイプすると、この TextBox1_Change() が実行され、**SetFocus** メソッドによって TextBox2 を選択します。

フォームモジュール（Userform1）

```
Private Sub TextBox1_Change()
    TextBox2.SetFocus
End Sub
```

(5) TextBox2_Change() の実行

TextBox2 が変更されたということは 2 ケタの抽選番号が揃ったことになりますから当否の判定を行います。

フォームモジュール（Userform1）

```
Private Sub TextBox2_Change()

    Dim 行 As Integer

    No = No + 1
    If IsNumeric(TextBox1.Text) Then
        If IsNumeric(TextBox2.Text) Then
            番号 = Val(TextBox1.Text) * 10 + Val(TextBox2.Text)
            行 = 3
            Do While Cells(行, 1).Value <> ""
                If 番号 = Cells(行, 1).Value Then Exit Do
                行 = 行 + 1
            Loop
            If Cells(行, 1).Value = "" Then
                Label2.Caption = "はずれ！"
            Else
                Label2.Caption = "すごい！  " & Cells(行, 2).Value & Cells(行, 3).Value
                区分1 = Cells(行, 2).Value
                区分2 = Cells(行, 3).Value
                Worksheets("当選").Select
            End If
        Else
            Label2.Caption = "数字を入力してください1！"
        End If
    Else
        Label2.Caption = "数字を入力してください2！"
    End If
    Label3.Caption = "左のテキストボックスをクリックして次へ"
    CommandButton1.SetFocus
End Sub
```

もし当たっていれば、番号、区分 1、区分 2 のパブリック変数に値をセットして、「当選」シートを選択します。これだけで「当選」シートに追記できるのでしょうか。それはワークシートモジュールを見てからにしましょう。

(6) TextBox1_MouseDown の実行

1件分の当否判定が終わったら、TextBox1 をマウスでクリックすると、次の判定に備えた準備を行います。

フォームモジュール（Userform1）

```
Private Sub TextBox1_MouseDown(ByVal Button As Integer, ByVal Shift As Integer, _
          ByVal X As Single, ByVal Y As Single)
    TextBox1.Text = ""
    TextBox2.Text = ""
    Label2.Caption = ""
    Label3.Caption = ""
    TextBox1.SetFocus

End Sub
```

(7) 終了ボタンのクリック

最後に終了ボタンがクリックされると、ユーザーフォームを閉じて終了です。

フォームモジュール（Userform1）

```
Private Sub CommandButton1_Click()
    Unload Me
End Sub
```

(8) ワークシートをオブジェクトとするイベントプロシージャ

このブックの「当選」シートには、Worksheet_Activate プロシージャが定義されています。これは「当選」シートが選択されると実行される自動実行マクロです。

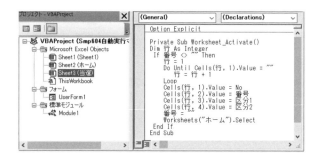

つまり、抽選番号が当たっている（可能性がある）場合には、「当選」シートを選択することによって、自動的にこのプロシージャが駆動され、当選番号が追加されることになります。そして、このようにモジュール間のデータ移送にパブリック変数を利用していたわけです。

6.4.4 自動実行マクロの作り方

（1）ThisWorkbook の自動実行マクロ

ThisWorkbook はどのブックにも無条件に一つ存在しています。つまり標準モジュールやユーザーフォームのように挿入する必要はありません。ですからプロジェクトエクスプローラウィンドウで、ThisWorkbook を選択すれば、そのコード・ビューにコードを入力することができます。ただし、イベントプロシージャ名は、キータイプするのではなく、コードウィンドウの先頭行にあるオブジェクトボックスやイベントボックスから選択することをお勧めします。

①オブジェクトの選択

左側のオブジェクトボックスからオブジェクトを選択するといっても、ここでは Workbook しかないのでこれを選択します。

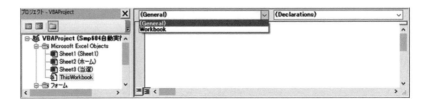

②イベントの選択

続いて右側のボックスからイベントを選択します。

ここでは、Open をマウスでクリックすれば、プロシージャの枠組みができます。

(2) ワークシートの自動実行マクロ

　VBE のプロジェクトエクスプローラウィンドウで、「当選」シートを選択します。VBE でワークシートを選択すると、コードウィンドウはワークシートモジュールの内容を表示します。

　最初は何もありませんので、ここでも、コード・ビューの先頭行で

　　　左（オブジェクト）ボックス　　　　　Worksheet（当選）

　　　右（イベント）ボックス　　　　　　　Activate

を選択することによって、Worksheet_Activate プロシージャを作ります。

　あとは、ユーザーフォーム、標準モジュールをこれまで同様に作れば完成です。

6.4.5 自動実行マクロの留意点

(1) 実行されないマクロ

　まず、「エラー」フォルダの Erp604 自動実行マクロ 1.xlsm を読み込んで、マクロを有効にして
も、自動的に実行する様子はありません。そこで、コードを調べてみると、以下のようになって
います。

ThisWorkbookモジュール

```
Option Explicit
Public No As String
Public 番号 As String
Public 区分1 As String
Public 区分2 As String

Private Sub Workbooks_Open()
    Call 年賀はがき
End Sub
```

　この ThisWorkbook モジュールに自動実行マクロ（Workbook_Open）は存在していないことにな
ります。逆に、Workbooks_Open プロシージャは存在しているだけで、呼び出されることはありま
せん。つまり、自動実行マクロのプロシージャ名は「オブジェクト名 _ イベント」というように
決められているので、Sub プロシージャのようにユーザーが任意に名前をつけることはできません。

(2) エラーのある自動実行マクロ

　つづいて、「エラー」フォルダの Erp604 自動実行マクロ 2.xlsm を読み込むと、自動的に実行す
るのですが、以下のダイアログが表示されます。

　そこで、デバッグボタンをクリックすると、以下のようになっています。

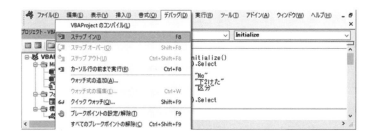

これでは、UserForm1 にエラーがあることは分かりますが、具体的なエラーにたどり着くことができません。そこで、UserForm1 のコードビューで、

```
Private Sub UserForm_Initialize()
```

の行にカーソルを移して、**デバッグ→ステップイン**で、実行させてみます。

すると、2 行目でエラーが検出されます。

ワークシートの選択で、マクロを作る時に存在していた「Sheet2」が、その後「当選」にシート名を変更したために、「Sheet2」が見当たらないというエラーが検出されているようです。

このように、自動実行マクロで実行時エラーが検出されると、そのデバッグが煩雑となりますから、まずは標準モジュールのマクロをマクロ一覧からテストし、完成してから、自動実行マクロにしても遅くはありません。

6.5 リストボックス

リストボックスとは、テキストボックスと同じようにデータを入力するコントロールですが、データをキーボードから入力するのではなく、候補となる項目一覧の中から選択するコントロールです。ラベル、コマンドボタン、テキストボックスと同じように、ユーザーフォームを構成する中心的なコントロールです。

6.5.1 計画づくりマクロの実行

それでは、「サンプル」フォルダにある Smp605 リストボックス .xlsm について見てみましょう。

このマクロも自動実行マクロとなっているので、ブックを読み込むと「練習プラン」というユーザーフォームが起動します。

ところで、これまでに見たユーザーフォームは、スクリーン上の邪魔にならない場所に移動することはできますが、たとえば Excel や他のアプリケーションに出ることはできませんでした。これを**モーダルモード**といいます。

しかし、この練習プランは**モードレス・モード**となっているので、ユーザーフォームを表示したまま、Excel にフォーカスを移してワークシートを変えたり、セル内容を書き換えたりすることができます。

このマクロは、サッカーや野球など、さまざまなスポーツクラブの指導者が日々の練習や合宿のプラン作りを支援するマクロです。

①開始時刻の設定

はじめに、「プラン」シートの 2 行、1 列目の開始時刻を設定します。この時刻ばかりでなく、時間（分）も後から変更できるよう、マクロでは計算式を設定しますので、変更に伴って自働再

計算されます。

②メニュー選定

ユーザーフォームのリストボックス（メニュー）に登録されているリストの中から該当する項目を選択します。

③時間の配分

メニュー項目に割り当てる時間（分）をテキストボックスに入力します。なお、このテキストボックスの IMEMode には、Disable が設定されているので、日本語（全角文字）を入力することはできません。

④登録

最後に登録ボタンをクリックすると、「プラン」シートに追加登録されます。

⑤終了

最後に、「終了」ボタンをクリックして、その日の練習メニュー作りを終了すると、「プラン」シートに練習メニューが出来上がるというわけです。

6.5.2 計画づくりマクロの処理内容

では、このマクロがどのように構成されているのか見てみましょう。

(1) 自動実行マクロ

このブックも読み込むと、ThisWorkBook モジュールの Workbook_Open() プロシージャが実行され、自動的にユーザーフォームが現れます。

このとき、Show メソッドの以下の引数によって、ユーザーフォームの性格を決めることができます。

Show メソッドの引数	説明
vbModal（省略時）	ユーザーフォームを閉じるまで、Excel の操作を許さないユーザーフォームとして開く
vbModeless	ユーザーフォームを表示したまま、Excel の操作を許すユーザーフォームとして開く

ここではvbModelessが指定されていますので、ユーザーフォームを表示したまま、「プラン」ワークシートのスクロールや変更などの操作をすることができます。

(2) ユーザーフォームのオブジェクト

ここではラベルを除いて以下のコントロールが利用されています。

コントロール	用途
ListBox1	メニュー選択
TextBox1	時間（分）の入力
CommandButton1	「登録」ボタン
CommandButton2	「終了」ボタン

一番右の、メニューに対応した箱が、リストボックスで、練習メニューを一覧から選択するコントロールです。

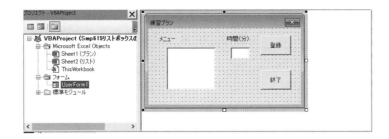

(3) ユーザーフォームのイベントプロシージャ

では、このユーザーフォームの処理内容について見てみましょう。

①ユーザーフォームの初期化プロシージャ

```
Option Explicit
Private Sub UserForm_Initialize()
    Dim 行 As Integer
```

```
        Dim 範囲 As String
        Worksheets("リスト").Select
        行 = 1
        Do Until Cells(行, 1).Value = ""
            行 = 行 + 1
        Loop
        範囲 = "A1:A" & (行 - 1)
        ListBox1.List = Range(範囲).Value          ◀──── リストボックスのリスト
        Worksheets("プラン").Select
    End Sub
```

　リストボックスのリストは VBE のプロパティウィンドウで固定的に設定することもできますが、マクロの実行時に動的に設定することもできます。ここではユーザーフォームの初期化プロシージャで設定しています。

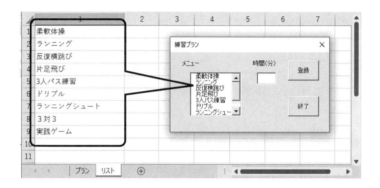

②「登録」ボタンのクリック

```
Private Sub CommandButton1_Click()
    Dim 行 As Integer
    行 = 2
    Do Until Cells(行, 2).Value = ""
        行 = 行 + 1
    Loop
    Cells(行, 2).Value = ListBox1.Text
    Cells(行, 3).Value = TextBox1.Text
    Cells(行 + 1, 1).FormulaR1C1 = "= R[-1]C + R[-1]C[2]/1440"
    Cells(行 + 1, 1).NumberFormat = "h:mm"
End Sub
```

　ここでは、ワークシートの「時刻」（1列目）は計算式として計算します。後で時間を修正した場合に自動再計算するためです。また、その式では

　　　時刻 = 直前の時刻 + 当該時間（分）/ 1440

として計算しています。この1440とは、1日 = 24時間を（× 60）分単位に換算したものです。

③「終了」ボタン

```
Private Sub CommandButton2_Click()
    Dim 行 As Integer
    行 = 2
    Do Until Cells(行, 2).Value = ""
        行 = 行 + 1
    Loop
    Cells(行, 2).Value = "終了"
    Unload Me
End Sub
```

　練習メニューの最終行に「終了」を追加し、ユーザーフォームを閉じてExcelに戻します。

6.5.3　リストボックスの作り方

　では、リストボックスの作り方を見てみましょう。

（1）オブジェクトの作成

　ユーザーフォームのオブジェクト・ビューで、ツールボックスから「リストボックス」を選択します。

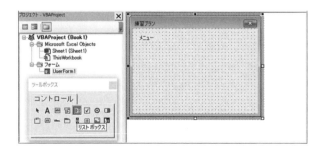

　リストが収まらなければ、スクロールバーが表示されるので、問題はありませんがスペースに余裕があれば、大きめに確保します。

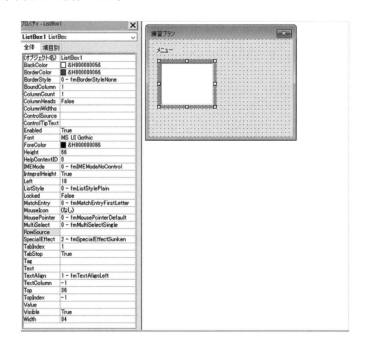

　リストボックスも、VBE のプロパティーウィンドウで様々なプロパティを設定することができます。変動しない固定的なリストであればここで設定できるのですが、変動する可変的なリストは実行段階で動的に設定します。

　ただし、オブジェクト名を変更するのであればこの段階で変えておきます。ここでは「ListBox1」を「メニュー」に変えておきます。

(2) コードの作成

　ではマクロのプロシージャを作成します。

①ユーザーフォームの初期設定

　ここでリストボックスのリストを設定するには、以下の 2 通りがあります。

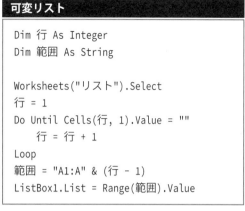

　固定リストでは、「リスト」シートの練習メニューが増減されると対応できないので、終端行を見つけて、その終端行から

```
範囲 = "A1:A" & (行 - 1)
```

を編集し、List プロパティを設定しています。

②リストボックスのイベント

　テキストボックスと同じようなイベントから対応することもできますが、ここでは登録（コマンドボタン）によって処理しています。

③選択されたリスト

リストボックスで選択されたリストを取り出すには以下の3つの方法があります。

プロパティー	内容
Text	リストボックスで選択されたリスト（String型）
Value	リストボックスで選択されたリスト（Variant型）
ListIndex	リストボックスで選択されたリストの先頭をゼロとする番号（Long型）

ここでは Text プロパティを利用していますが、ListIndex プロパティを用いて以下のように取り出すことも可能です。

```
Cells(行, 3).Value = Worksheets("リスト").Cells(ListIndex+1,1).Value
```

6.5.4 オブジェクト名に関する留意点

「エラー」フォルダの Erp605 リストボックス .xlsm について見てみましょう。これはことさらリストボックスというよりも、オブジェクト名を変更するマクロに関するエラーです。

このブックも自動実行マクロとして登録されているので、ブックを読み込むとユーザーフォームを表示しようとするのですが、以下のエラーが検出されます。

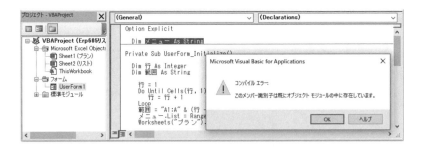

エラーをたどると、UserForm1 のグローバル変数として宣言した「メニュー」が、オブジェクトモジュールの中ですでに存在しているというエラーです。

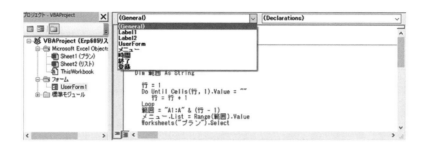

つまり、「メニュー」という名前はリストボックスのオブジェクト名としてすでに使用されているので、変数名として重複することはできないというわけです。したがって、オブジェクト名を変更する場合には、全体を見通して命名する必要があります。

6.6　コンボボックス

コンボボックスとは、前節でみたリストボックス（候補リストから項目の選択入力）と、テキストボックス（キーボードからデータ入力）を併せ持つコンビネーション・コントロールです。つまり、リストボックスの候補リストから選択することもできますが、候補リストにない新規の項目ならばキーボードから入力することもできるというわけです。

ここでは、前節の計画づくりマクロとの相違点を中心に見てみましょう。

6.6.1　計画づくり2マクロの使い方

「サンプル」フォルダにある Smp606 コンボボックス .xlsm を読み込むと、自動実行マクロによって、以下のユーザーフォームが現れます。なお、このユーザーフォームもモードレスですので、邪魔にならない場所に移動するばかりでなく、Excel にフォーカスを移してワークシートを変えたり、セル内容を書き換えたりすることができます。

　マクロの利用法は基本的に前節の計画づくりマクロと同じで、登録されている候補リストから選択することによって練習メニューを入力することができます。

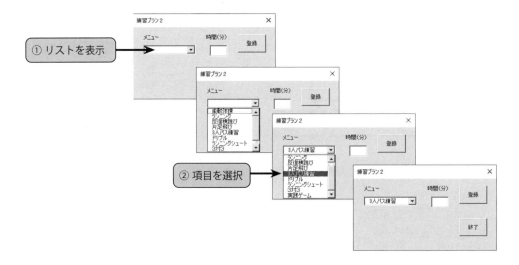

　もし、候補リストに該当するものが無ければ、テキストボックスのように新たな項目を入力し、配分する時間を入力したら登録ボタンをクリックすることによって、データを登録します。

　すると「プラン」シートにデータが登録されるばかりでなく

「リスト」シートにも入力された項目が候補リストとして登録されます。

したがって、終了するときに保存しておけば次回以降も、登録した項目が候補リストとして一覧表示されるので、候補リストから選択することができるようになります。

6.6.2 計画づくり2マクロの処理内容

では、このマクロがどのように構成されているのか、前節との変更点を中心に見てみましょう。

(1) 自動実行マクロ

このブックも、Workbook_Open プロシージャが ThisWorkBook モジュールに登録されているので、ブックのオープンと同時に、練習プラン2ユーザーフォームが表示されます。

ThisWorkBookモジュール

```
Option Explicit
Private Sub Workbook_Open()
    Call 計画作成
End Sub
```

標準モジュール（Module1）

```
Option Explicit
Sub 計画作成()
    UserForm1.Show vbModeless
End Sub
```

(2) UserForm1 のオブジェクト

ここで呼び出されるユーザーフォームは、基本的に前節と同じですが以下の 2 点が異なっています。

- リストボックスをコンボボックスに変更
- コントロール名を任意の名前に変更

コントロールの種類	コントロール名	用途
ComboBox	メニュー	メニュー項目の入力
TextBox	時間	時間（分）の入力
CommandButton	登録	「登録」ボタン
CommandButton	終了	「終了」ボタン

(3) ユーザーフォームの処理内容

では、このユーザーフォームの処理内容について見てみましょう。

①ユーザーフォームの初期化

```
Private Sub UserForm_Initialize()
    Dim 行 As Integer
    Worksheets("リスト").Select
    行 = 1
    Do Until Cells(行, 1).Value = ""
        行 = 行 + 1
        メニュー.AddItem Cells(行, 1).Value
    Loop
    Worksheets("プラン").Select
End Sub
```

　ここでは、List プロパティに値を代入するのではなく、「リスト」シートにある項目を AddItem メソッドを用いて 1 つずつ、候補リストに登録しています。

オブジェクト **.AddItem** 項目

オブジェクトに項目を追加する。対象オブジェクトはリストボックスまたはコンボボックス。

---

②「登録」ボタンのクリック

```
Private Sub 登録_Click()
    Dim 項目 As String
    Dim 行 As Integer
    項目 = メニュー.Text
    If メニュー.ListIndex < 0 Then
        メニュー.AddItem 項目
        行 = 1
        Do Until Worksheets("リスト").Cells(行, 1).Value = ""
            行 = 行 + 1
        Loop
        Worksheets("リスト").Cells(行, 1).Value = 項目
    End If
    行 = 2
    Do Until Cells(行, 2).Value = ""
        行 = 行 + 1
    Loop
    Cells(行, 2).Value = 項目
    Cells(行, 3).Value = 時間.Text
    Cells(行 + 1, 1).FormulaR1C1 = "= R[-1]C + R[-1]C[2]/1440"
    Cells(行 + 1, 1).NumberFormat = "h:mm"
End Sub
```

　コンボボックスで入力された項目も Text プロパティで取得します。ただし、それが既存の候補リストから選択されたものか、新たに入力されたものかは、ListIndex プロパティで以下のように判別します。

ListIndex プロパティー	状況
ゼロより小さい（−1）	新たにキーボードから入力された項目

ListIndex プロパティー	状況
ゼロ以上	既存の候補リストから選択された項目。 ゼロは、候補リストの先頭項目を示す

したがって、新規に入力された項目の場合のみ、以下の処理を行います。

● コンボボックスのリストへの項目追加

新規に入力された項目を AddItem メソッドで、コンボボックスの候補リストに追加登録します。

●「リスト」シートの末尾に追加登録

終了時にこのブックを保存しておけば、次回ブックを読み込んだ時、追加された項目がコンボボックスの候補リストに登録されています。

また、どちらにしても「プラン」シートの末尾に項目を追加し、「時刻」（1 列目）を計算式として計算することに変わりはありません。

③「終了」ボタン

```
Private Sub 終了_Click()
    Dim 行 As Integer
    行 = 2
    Do Until Cells(行, 2).Value = ""
        行 = 行 + 1
    Loop
    Cells(行, 2).Value = "終了"
    Unload Me
End Sub
```

練習メニューの末端行に「終了」を追加する点も同じです。

6.6.3 コンボボックスの作り方

では、コンボボックスの作り方を見てみましょう。

(1) オブジェクトの作成

ここではリストボックスではなく、コンボボックスを用います。そこで、ユーザーフォームのオブジェクト・ビューで、ツールボックスから「コンボボックス」を選択します。

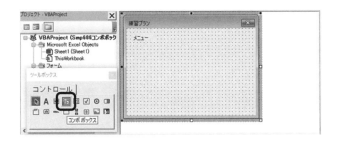

　ただし、コンボボックスは候補リストがプルダウンしますから、リストボックスのような大きさを確保する必要はありませんので、テキストボックスのように配置しておきます。

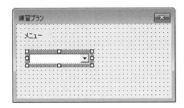

　他のテキストボックスやコマンドボタンを前節の計画づくりマクロと同じように貼り付ければ完成です。

(2) コードの作成

①ユーザーフォームの初期化（UserForm_Initialize）

　コンボボックスの候補リストもユーザーフォームの初期化プロシージャで、設定します。前節のように、List プロパティに設定することもできますが、先に見たように 1 項目ずつ AddItem メソッドで登録することも可能です。

List プロパティによる登録

```
Private Sub UserForm_Initialize()
    Dim 行 As Integer
    Dim 範囲 As String

    Worksheets("リスト").Select
    行 = 1
    Do Until Cells(行, 1).Value = ""
        行 = 行 + 1
    Loop
    範囲 = "A1:A" & (行 - 1)
```

```
    メニュー.List = Range(範囲).Value
    Worksheets("プラン").Select
End Sub
```

AddItemメソッドによる登録

```
Private Sub UserForm_Initialize()
    Dim 行 As Integer

    Worksheets("リスト").Select
    行 = 1
    Do Until Cells(行, 1).Value = ""
        行 = 行 + 1
        メニュー.AddItem Cells(行, 1).Value
    Loop
    Worksheets("プラン").Select
End Sub
```

②新たに入力された項目の登録

コンボボックスに入力された項目がキーボードから新たに入力された、すなわち

    ListIndex < 0

の場合には、AddItem メソッドにより候補リストに追加登録しておきます。

```
If メニュー.ListIndex < 0 Then
    メニュー.AddItem 項目

    行 = 1
    Do Until Worksheets("リスト").Cells(行, 1).Value = ""
        行 = 行 + 1
    Loop
    Worksheets("リスト").Cells(行, 1).Value = 項目
End If
```

さらに、「リスト」シートの末尾にも追加しておきます。

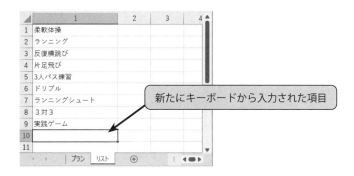

新たにキーボードから入力された項目

6.6.4 コンボボックスの留意点

「エラー」フォルダにある Erp606 コンボボックス .xlsm を見てみましょう。

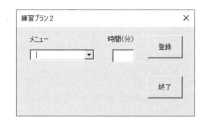

　このブックはエラーになるわけではなく、練習プランも正常に登録することができます。ただし、このマクロを使用していくと次第に、メニューの候補リストに、柔軟体操が異様に増殖することになります。

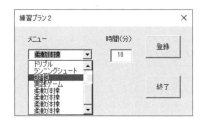

　その原因は、「登録」ボタンをクリックしたときのコンボボックスへの項目追加の条件にあります。

```
If ComboBox1.ListIndex <= 0 Then
    ComboBox1.AddItem 項目
```

```
    行 = 1
    Do Until Worksheets("リスト").Cells(行, 1).Value = ""
        行 = 行 + 1
    Loop
    Worksheets("リスト").Cells(行, 1).Value = 項目
End If
```

　コンボボックスの ListIndex プロパティーは

- 0 以上：既存の項目が選択された
- 0 未満（マイナス）：新規の項目が入力された

ことを示します。したがって、ここでは、

```
    ListIndex = 0 （候補リストの先頭項目）
```

の場合（既存の項目選択）でも、「柔軟体操」が選択されるたびに追加登録してしまうことになります。したがって、候補リストの追加登録は、ListIndex プロパティーがゼロ未満の場合に限るように修正する必要があります。

第7章

応用例を見てみよう

　これまでの準備を礎として応用例を見てみよう。多くの例に触れることはマクロの修得に不可欠で、最も重要なことです。命令の表記法だけではそれを活かし切ることは難しいためです。

7.1　26 進数変換

　はじめに、10 進数から 26 進数へ、逆に 26 進数を 10 進数に変換する基数変換のマクロを見てみましょう。ちなみに、10 進数は 0 ～ 9 の数字で表されますが、26 進数は、アルファベットの A から Z で表します。これはワークシートのアルファベットの列表記に相当します。

1	→	A
2	→	B
⋮		
26	→	Z
27	→	AA
28	→	AB
⋮		
702	→	ZZ
703	→	AAA

7.1.1 基数変換マクロを動かしてみよう

「サンプル」フォルダの Smp701 基数変換 .xlsm を読み込み、マクロを有効にしてみましょう。

(1) 10 進数から 26 進数への変換

10 進数の入力欄（6 行 3 列目のセル）に、10 進数を入力して、「26 進数へ」ボタンをクリックします。たとえば、292 であれば "KF" に変換されるといった具合です。

(2) 26 進数から 10 進数への変換

逆に、26 進数を入力して「10 進数へ」ボタンをクリックすると、26 進数を 10 進数に変換します。たとえば、以下のように、26 進数が "AAA" であれば、703 という 10 進数に変換されます。

7.1.2 26 進数変換マクロの処理内容

(1)「26 進数へ」ボタンに紐づけられた「正変換」マクロ

```
Sub 正変換()
    '26進数への変換
    Dim 数 As Long
    Dim 作業1 As Long
```

```
    Dim 作業2 As Long
    Dim 文字 As String
    Dim 文字列 As String

    If IsNumeric(Cells(6, 3).Value) Then
        数 = Cells(6, 3).Value
①   文字列 = ""
        Do Until 数 = 0
            作業1 = (数 - 1) ¥ 26
            作業2 = (数 - 1) Mod 26
            文字 = Chr(Asc("A") + 作業2)
            文字列 = 文字 & 文字列
            数 = 作業1
②   Loop
        Cells(6, 7).Value = 文字列
    Else
        Call MsgBox("10進数は数字を入力してください。")
    End If
End Sub
```

- 10進数は数字でなければならない。
- (10進数 -1) に 26 はいくつあるか
- (10進数 - 1) を 26 で割った余り
- (10進数 -1) を 26 で割った余りに "A" に加えて "A" から "Z" のアルファベットに
- (10進数 -1) を 26 で割った商を 10進数として繰り返す。

　たとえば画面のように、10進数292がある場合をトレースしてみましょう。

　その292を変数「数」としてループに入り、26で整数除算した商で置き換える処理を、「数」がゼロになるまで繰り返します。ここでは以下のように2回繰り返します。

	①初期値	②1回目	②2回目
作業1 = (数 - 1) ¥ 26		291 ¥ 26 = 11	10 ¥ 26 = 0
作業2 = (数 - 1) Mod 26		291 Mod 26 = 5	10 Mod 26 = 10
文字 = Chr(Asc("A") + 作業2)		Chr(Asc("A")+5) = "F"	Chr(Asc("A")+10) = "K"
文字列 = 文字 & 文字列		"F"	"KF"
数 = 作業1	292	11	0

　ここで変数「文字」には26で割った剰余（0 〜 25）を "A" 〜 "Z" に変換します。そのために、

- アルファベットの "A" を文字コードに変換し、　　Asc("A") → 65
- 26で割った剰余を加え、　　　　　　　　　　　　65 + 5 → 70（剰余が5であれば）
- その加算結果を文字に変換　　　　　　　　　　　Chr(70) → "F"

を計算します。

2回のループで、文字列に残された "KF" が求める 26 進数というわけです。

(2)「10進数へ」ボタンに紐づけられた「逆変換」マクロ

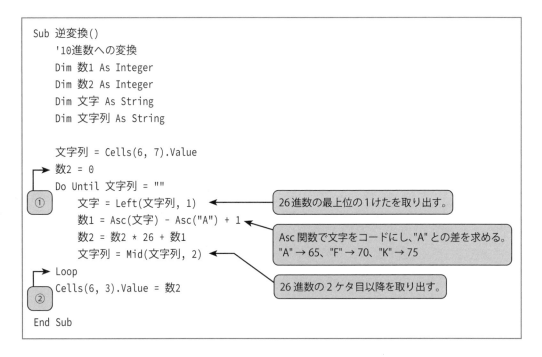

```
Sub 逆変換()
    '10進数への変換
    Dim 数1 As Integer
    Dim 数2 As Integer
    Dim 文字 As String
    Dim 文字列 As String

    文字列 = Cells(6, 7).Value
    数2 = 0
    Do Until 文字列 = ""
①      文字 = Left(文字列, 1)
        数1 = Asc(文字) – Asc("A") + 1
        数2 = 数2 * 26 + 数1
        文字列 = Mid(文字列, 2)
    Loop
②  Cells(6, 3).Value = 数2
End Sub
```

26進数の最上位の1けたを取り出す。

Asc 関数で文字をコードにし、"A" との差を求める。
"A" → 65、"F" → 70、"K" → 75

26 進数の 2 ケタ目以降を取り出す。

ここでも、26 進数 "KF" がある場合をトレースしてみましょう。

	①初期値	②1回目	②2回目
文字 = Left(文字列 , 1)		"K"	"F"
数 1 = Asc(文字) – Asc("A") + 1		75 – 65 + 1 = 11	70 – 65 + 1 = 6
数 2 = 数 2 * 26 + 数 1	0	0 * 26 + 11 = 11	11 * 26 + 6 = 292
文字列 = Mid(文字列 , 2)	"KF"	"F"	""

ここでは、数 2 に残されている 292 が求める 10 進数となります。

7.2 暦の変換

これは和暦から西暦へ、逆に西暦から和暦に年数を変換します。ただし、和暦といっても、明治以降を対象として、江戸時代以前には対応できません。

7.2.1 暦変換マクロを使ってみよう

では、「サンプル」フォルダの Smp702 暦変換 .xlsm を読み込み、マクロを有効にすると、以下のユーザーフォームが現れます。

（1）西暦年への変換

和暦から西暦に変換する場合には、西暦は空欄のまま、元号を選択し和暦を数字で入力して「変換」ボタンをクリックします。

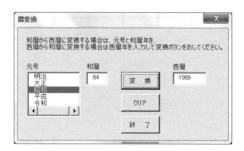

西暦 2019 年のように同じ年に 2 つの元号が重なる場合には、たとえば「平成 31 年」と「令和 1 年」は、どちらも 2019 年に変換します。

（2）和暦年への変換

逆に、西暦から和暦に変換するには、西暦年に数字を入力し、元号と和暦は指定せずに変換します。

また、同じ西暦年に 2 つの元号が重なる場合には新しい元号に変換します。たとえば、2019 年は「令和 1 年」に変換します。

（3）エラーチェック

ここでは、以下のようなエラーが検出されます。

西暦年に 1867 年以前を入力すると以下が表示されます。ここでは、明治以降が対象で、江戸時代には対応していません。

西暦に入力が無く、元号の指定も無い場合に表示されます。

元号の指定があって、和暦が無い場合に表示されます。

7.2.2　暦変換マクロの処理内容

ここには、4つのイベントプロシージャがあるので、順番に見てみましょう。

(1) ユーザーフォームの初期化

```
Private Sub UserForm_Initialize()
    ListBox1.List = Range("A3:A7").Value
End Sub
```

ここでは、リストボックスに Sheet1 にある和暦元号一覧の元号をリストとして登録します。

なお、このリストの開始年は、たとえば令和であれば 2018 年というように、実際の開始年より 1 年早く設定しています。これは

和暦の開始年 + (和暦年 − 1)

によって求める西暦年を

(和暦の開始年 − 1) + 和暦年

として求めているためです。

(2)「変換」ボタンのクリック処理

変換は、TextBox2.Text（西暦年）の内容によって、以下の2つに振り分けます。

- TextBox2.Text <> "" ならば西暦から和暦へ変換
- TextBox2.Text = "" ならば和暦から西暦へ変換

```
Private Sub CommandButton1_Click()
    Dim 行 As Integer
    Dim 年 As Integer
    If TextBox2.Text <> "" Then
```

①西暦から和暦への変換

西暦年は数値でなければなりません。IsNumeric関数で数値以外が入力されている場合はエラーとし、さらに、西暦年が1867年よりも小さければ、古すぎて変換できないエラーとします。

そうでなければ、元号一覧の中から、内輪の最大値を探索します。内輪の最大値とは、指定された西暦年が元号開始年より小さいという条件付きで、最も大きな元号開始年のことです。

たとえば、1950年の内輪の最大値とは、1867年から出発し、1950年より小さい範囲の最大値で、1925年が内輪の最大値となります。

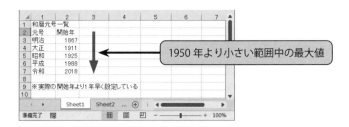

なお、ListBox1のListIndexプロパティは0から出発するので、対応する行に調整します。

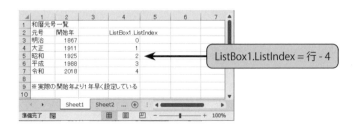

②和暦から西暦年への変換

```
        '西暦から和暦へ
        If IsNumeric(TextBox2.Text) Then
            年 = TextBox2.Text
            If 年 < 1867 Then
                Call MsgBox("西暦1867年より前は計算できません。")
                Exit Sub
            End If
            行 = 3
            Do Until Cells(行, 1).Value = ""
                If 年 <= Cells(行, 2).Value Then Exit Do
                行 = 行 + 1
            Loop
            TextBox1.Text = 年 - Cells(行 - 1, 2).Value
            ListBox1.ListIndex = 行 - 4
        Else
            Call MsgBox("年は数値を入力してください。")
            TextBox2.Text = ""
        End If
    Else
```

入力された西暦年

該当する元号の開始年

該当する元号

和暦から西暦年に変換するためには、

● ListBox1 で元号が指定されている

● 和暦年が数値として入力されている

必要があります。

以上の条件が満たされていれば、西暦に変換します。

```
        '和暦から西暦へ
        If ListBox1.ListIndex <= -1 Then
            Call MsgBox("元号を指定してください。")
            Exit Sub
        End If
        If IsNumeric(TextBox1.Text) Then
            年 = TextBox1.Text
            行 = ListBox1.ListIndex + 3

            TextBox2.Text = Cells(行, 2).Value + 年
```

指定された元号の開始年

入力された和暦年

```
        Else
            Call MsgBox("和暦年は数値を入力してください。")
            TextBox1.Text = ""
        End If
    End If
End Sub
```

(3)「クリア」ボタンのクリック

```
Private Sub CommandButton2_Click()
    ListBox1.ListIndex = -1          ◄────────  無選択の ListIndex
    TextBox1.Text = ""
    TextBox2.Text = ""
End Sub
```

　ListBox1 の ListIndex プロパティに −1 を設定して、何も選択されていない初期状態に戻します。

(4)「終了」ボタンのクリック

```
Private Sub CommandButton3_Click()
    Unload Me
End Sub
```

　表示したユーザーフォームを画面から消します。

7.3 電卓

7.3.1 電卓マクロを使ってみよう

では、Smp703 電卓 .xlsm を読み込み、マクロを有効にして見ましょう。以下が表示されます。

いまや、ソロバンも電卓も見かけなくなり、携帯電話で計算するという人も少なくないようですが、どこにもあるような四則演算を行う電卓です。正しい結果が計算できるか、計算してみましょう。

たとえば、「1 + 3 * 4 + 5」の計算結果は 18 ではなく 21 となります。これは、左から右に順に計算する過程で演算子の優先順序が考慮されていないためで、普通の電卓と同じです。

7.3.2 電卓マクロを見てみよう

(1) 自動実行マクロ

ここでも、電卓が自動的に表示されるのは、以下が、ThisWorkbook の自動実行マクロとして定義されているためです。

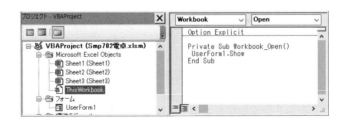

また、同じものが標準モジュールにも定義されているので、ブックを読み込まなくても、マクロ一覧からテストすることができます。

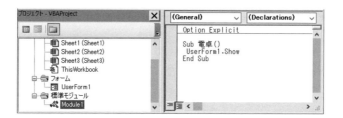

(2) UserForm1 のオブジェクト

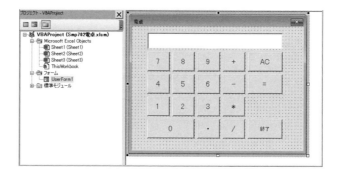

細長いテキストボックス以外はすべてコマンドボタンで、既定のオブジェクト名では分かりにくいので、オブジェクト名を変更していることが、プロパティウィンドウの下向き記号をクリックすると表示される、オブジェクト一覧で確認できます。

TextBox1 だけが元の名前を残しているだけで、すべてのコマンドボタンは名前が変更されています。

(3) UserForm1 のコード

　もし、サブルーチンを使わずに処理すると、とても複雑な If 文の入れ子を作らなければなりません。ここでは、可能な限りサブルーチンを多用しています。

①グローバル変数

```
Option Explicit
Dim メモリ As String        'アキュムレータ2
Dim 旧演算子 As String      '前の演算子
Dim 小数点 As Integer       '小数点フラグ
Dim 先頭 As Integer
```

　ここでは、4 つのグローバル変数を使用していますが、これらは、以下のように使用します。

変数名	用途
メモリ	テキストボックスに表示する途中の計算結果。
旧演算子	たとえば、1＋2＊3 というように入力された時の「＋」のように、演算すべき演算子。
小数点	小数点が入力されていることを示すスイッチ
先頭	先頭数字を示すスイッチ

②ユーザーフォームの初期化

```
Private Sub UserForm_Initialize()
    Call BtAC_Click
End Sub
```

　ユーザーフォームが読み込まれたときに実行される初期化プロシージャでは、「AC」ボタンがクリックされたときのプロシージャを実行します。

③「AC」ボタンがクリックされたとき

```
Private Sub BtAC_Click() 'ACがクリックされた時
    TextBox1.Text = ""
    メモリ = ""
    旧演算子 = ""
    小数点 = 0
End Sub
```

UserForm_Initialize() プロシージャでも実行され、AC ボタンがクリックされた時に、初期状態に戻します。

④テンキー入力

数字に対応するコマンドボタンがクリックされたときは、すべて

```
Call 数字(テンキー)
```

というように、「数字」サブルーチンを呼び出します。

```
Private Sub Bt1_Click()
    Call 数字("1")
End Sub
Private Sub Bt2_Click()
    Call 数字("2")
End Sub
Private Sub Bt3_Click()
    Call 数字("3")
End Sub
Private Sub Bt4_Click()
    Call 数字("4")
End Sub
Private Sub Bt5_Click()
    Call 数字("5")
End Sub
Private Sub Bt6_Click()
    Call 数字("6")
End Sub
Private Sub Bt7_Click()
    Call 数字("7")
End Sub
Private Sub Bt8_Click()
    Call 数字("8")
End Sub
Private Sub Bt9_Click()
    Call 数字("9")
End Sub
Private Sub Bt0_Click()
    Call 数字("0")
End Sub
```

⑤「数字」サブルーチン

　入力されたテンキーに対応する数字を TextBox1.Text に追加するとき、その文字が先頭の場合は TextBox1.Text をクリアしてから、追加します。

　たとえば、TextBox1.Text に計算結果が残っていると、計算結果に入力文字を追加することを防ぐためです。

```
Private Sub 数字(文字 As String)
    If 先頭 <> 0 Then
        TextBox1.Text = ""
        先頭 = 0
    End If
    TextBox1.Text = TextBox1.Text & 文字
End Sub
```

⑥小数点

```
Private Sub BtPoint_Click()   '小数点がクリックされた時
    If 小数点 = 0 Then
        TextBox1.Text = TextBox1.Text & "."
        小数点 = 1
    End If
End Sub
```

　小数点が入力できるのは1つの数値に1つだけなので、すでに小数点が入力されている場合には無視します。

⑦演算子の入力

　+、ー、*、/、= などの演算子ボタンがクリックされたときは、すべて

```
Call 計算(演算子)
```

というように、「計算」サブルーチンを呼び出します。

```
Private Sub BtPlus_Click()    '足し算
    Call 計算("+")
End Sub
```

```
Private Sub BtMinus_Click()    '引き算
    Call 計算("-")
End Sub
Private Sub BtMult_Click()     '掛け算
    Call 計算("*")
End Sub
Private Sub BtDevide_Click()  '割り算
    Call 計算("/")
End Sub
Private Sub BtEqual_Click()    '＝がクリックされた時
    Call 計算("=")
End Sub
```

⑧計算サブルーチン

　たとえば、「12 + 4 −」というように入力されたとすれば、演算するのは 1 つ前に入力された演算子の演算です。すなわち、

12	+	4
メモリ	旧演算子	TextBox1.Text

という演算を行うことになります。このとき、変数「メモリ」や TextBox1.Text に格納されているのは文字列なので、それらをいったん Double（倍長実数型）に変換してから演算し、その結果をテキストとして「メモリ」に格納しています。

　なお、文字列を計算するときには実数型の数値に変換しているのに、メモリに格納する時には文字列に変換しなくてもいいのか心配になりますが、代入文では左辺のデータ型に自動的に変換するので、「文字列 = 数値」という代入文では自動的に文字列に変換されます。

```
Private Sub 計算(演算子 As String)
    If 旧演算子 <> "" Then
        Select Case 旧演算子
            Case "+"
                メモリ = CDbl(メモリ) + CDbl(TextBox1.Text)
            Case "-"
                メモリ = CDbl(メモリ) - CDbl(TextBox1.Text)
            Case "*"
                メモリ = CDbl(メモリ) * CDbl(TextBox1.Text)
            Case "/"
                メモリ = CDbl(メモリ) / CDbl(TextBox1.Text)
```

```
            Case "="
        End Select
        TextBox1.Text = メモリ
    Else
        メモリ = TextBox1.Text
    End If
    小数点 = 0
    旧演算子 = 演算子
    先頭 = 1
End Sub
```

⑨終了ボタン

```
Private Sub BtQuit_Click() '終了ボタンをクリックした時
    Unload Me
End Sub
```

最後は終了ボタンで、ユーザーフォームを閉じます。

7.4 バイオリズム

次にバイオリズムを描いてみましょう。

バイオリズムとは、生命（bio）と規則変動（rhythm）の合成語で、生命体の身体、感情、知性などの要素は周期的に変動しているという仮説に基づいて現状を推し量る概念で、必ずしも科学的に検証されているわけではないものの、簡単に計算できることと、未来の自分の状態を前もって知る予知機能としての人気を集めています。ここでは、そのバイオリズムを3本のグラフに描きます。

7.4.1 バイオリズムマクロを使ってみよう

では、「サンプル」フォルダの Smp703 バイオリズム .xlsm を読み込み、マクロを有効にして表示される以下のユーザーフォームで、誕生日を入力して、「グラフ」ボタンを押してみましょう。

　なお、誕生日は現在日のように、年月日の間を「/」(スラッシュ)で区切り、日付として入力
してください。

　すると、Sheet2に以下のような3本の曲線グラフが表示されます。

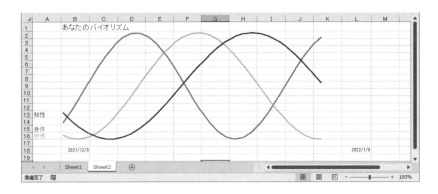

　なお、ユーザーフォームの「終了」ボタンでユーザーフォームを閉じた後、このブックを上書
き保存しておけば、誕生日も一緒に記憶されるので、以降は誕生日を入力する必要はありません。

7.4.2 バイオリズムマクロの処理内容

(1) マクロの起動

　このマクロも、自動実行マクロによって起動されます。

　また、標準モジュールにも以下を用意しています。

(2) UserForm1 のグローバル変数

では、UserForm1 の処理をみて見ましょう。

```
Option Explicit
Dim 誕生日 As Date
Dim 現在日 As Date
Dim 開始日 As Date
Dim 終了日 As Date
Dim X係数 As Single
Dim Y係数 As Single
```

　なお、X 係数、Y 係数はそれぞれ X 軸、Y 軸上の論理座標を物理座標に対応させるための係数（比率）として使用します。

(3) UserForm1 の初期化プロシージャ

```
Private Sub UserForm_Initialize()
    TextBox1.Text = Worksheets("Sheet1").Cells(2, 2).Value
    TextBox2.Text = Date
End Sub
```

　保存されている誕生日と現在日を、Sheet1 の該当セルから取得します。

　なお、Worksheets("Sheet1").Cells(4, 2).Value にはワークシート関数

```
=TODAY()
```

によってコンピュータのカレンダを参照していますが、VBA 関数では

```
Date
```

によって現在日を取得します。

(4) UserForm1 の CommandButton1_Click() プロシージャ

では、「グラフ」ボタンがクリックされた時の処理を見てみましょう。ここでは、いくつかのプロセスに分けてみます。

①初期処理

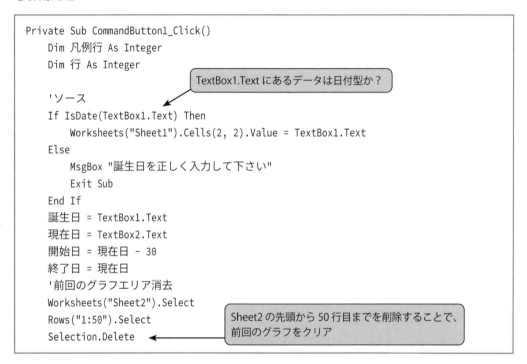

```
Private Sub CommandButton1_Click()
    Dim 凡例行 As Integer
    Dim 行 As Integer

    'ソース
    If IsDate(TextBox1.Text) Then
        Worksheets("Sheet1").Cells(2, 2).Value = TextBox1.Text
    Else
        MsgBox "誕生日を正しく入力して下さい"
        Exit Sub
    End If
    誕生日 = TextBox1.Text
    現在日 = TextBox2.Text
    開始日 = 現在日 - 30
    終了日 = 現在日
    '前回のグラフエリア消去
    Worksheets("Sheet2").Select
    Rows("1:50").Select
    Selection.Delete
```

（吹き出し）TextBox1.Text にあるデータは日付型か？

（吹き出し）Sheet2 の先頭から 50 行目までを削除することで、前回のグラフをクリア

はじめにキーとなるデータ項目の初期設定を行います。開始日から終了日までをグラフ描画の範囲として設定します。

なお、グラフは Worksheets("Sheet2") に描きますので、少々乱暴ですが先頭から 50 行目までを Delete メソッドによって削除し、前回のグラフを消去します。

②グラフの見出し

```
    'グラフ領域
    Cells(1, 2).Value = "あなたのバイオリズム"
    Cells(1, 2).Font.Size = 14
    Cells(18, 2).Value = 開始日
    Cells(18, 2).Font.Size = 9
```

```
    Cells(18, 12).Value = 終了日
    Cells(18, 12).Font.Size = 9
```

　グラフに合わせて見出しを設定します。ただし、ここではワークシートのセルに書き込んでいるために、ディスプレイの解像度などによって微妙に位置がズレる可能性があります。

③マッピングスケールの設定

```
    'マッピングスケール
    X係数 = 500 / 30
    Y係数 = 200 / 2
```

　ここで描くグラフの範囲は、横は 1 日から 30 日、縦は −1 から +1 までの正弦グラフです。これを論理座標といいます。この論理座標を500×210ピクセルのディスプレイに描くわけですが、これを物理座標といいます。

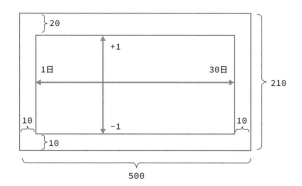

　この係数は、物理座標に対する論理座標の比率で、これにより、論理座標（たとえば、3日といった論理値）を対応した物理座標（図形を描くピクセル番地）に変換するために引用します。

　　物理座標＝論理座標 × 係数

④グラフ描画

```
    'グラフ
    Call グラフ(23, "身体", 1, 255, 0, 0)
    Call グラフ(28, "感情", 2, 0, 255, 0)
    Call グラフ(33, "知性", 3, 0, 0, 255)
```

　折れ線グラフは「グラフ」サブルーチンによって描いています。3本の折れ線グラフを描くために「グラフ」サブルーチンを3回呼び出しています。このサブルーチンは、以下のように6つの引数を持っています。

```
Sub グラフ(周期, 見出し, 行, R, G, B)
```

　なお、第3パラメタ（行）は凡例を仮に編集するための位置、R、G、Bは色の三原色で、3つ合わせてグラフの色を指定します。

⑤凡例の編集

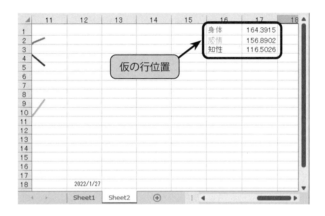

　上図は、グラフサブルーチンが、第3パラメタ（行）で指定された行に、編集した仮の凡例です。その17列目の値は、物理座標（第1日目のバイオリズムに対応したY軸の物理座標）です。

```
'凡例
Range("P1:Q3").Select
ActiveWorkbook.Worksheets("Sheet2").Sort.SortFields.Clear
ActiveWorkbook.Worksheets("Sheet2").Sort.SortFields.Add Key:=Range("Q1:Q3"), _
    SortOn:=xlSortOnValues, Order:=xlAscending, DataOption:=xlSortNormal
With ActiveWorkbook.Worksheets("Sheet2").Sort
    .SetRange Range("P1:T3")
    .Header = xlNo
    .MatchCase = False
    .Orientation = xlTopToBottom
    .SortMethod = xlPinYin
    .Apply
End With
```

　はじめは、3つの物理座標を昇順に並べ替えます。並べ替えは、ソートのキー記録マクロから
切り出したものです。

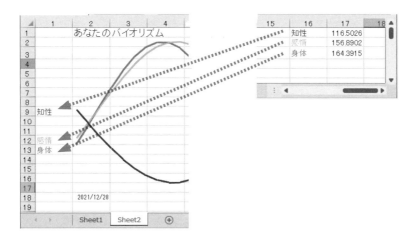

　最後に、判例を16列目から1列目のグラフに最も近い行のセルに移します。

　ここでは、物理座標の17ピクセルをセルの一行に対応させているため、ディスプレイの解像度
や、ワークシートの行の高さの設定によっては、ズレを生じることがあります。

```
    For 行 = 1 To 3
        凡例行 = Cells(行, 17) / 13
        Do Until Cells(凡例行, 1).Value = ""
            凡例行 = 凡例行 + 1
        Loop
        Cells(行, 16).Copy Destination:=Cells(凡例行, 1)
        Cells(行, 16) = ""
        Cells(行, 17) = ""
    Next 行

End Sub
```

　また、そのセルに凡例が重なっている（すでに凡例が代入されている）場合には、例えば上図

の身体のように、そのすぐ下の行に順送りにずらします。

　なお、

```
Cells(凡例行, 1).Value = Cells(行, 16).Value
```

という代入文で移してよいのですが、値だけを移しても文字の色を移すことはできませんので、以下のようなコピーメソッドで移しています。

```
Cells(行, 16).Copy Destination:=Cells(凡例行, 1)
```

　以上で、UserForm1 の「グラフ」ボタンがクリックされた時の処理は終了です。

(5)「グラフ」サブルーチン

　最後に「グラフ」サブルーチンを見てみましょう。

①サブルーチンの定義と仮引数

```
Private Sub グラフ(周期 As Integer, 見出し As String, 行 As Integer,
                   R As Integer, G As Integer, B As Integer)
```

　このサブルーチンは 30 日分のサインカーブを 1 本描きます。したがって、3 回呼び出されることになります。3 回とも同じような処理をするのですが、異なる部分を引数として受け取ります。

周期	バイオリズムの周期で 23、28、33 のいずれかを受け取る
見出し	グラフの凡例用の見出しで、身体、感情、知性のいずれかを受け取る
行	判例を仮に編集するための行で、1、2、3 のいずれかを受け取る
色	グラフの色を R、G、B の 3 原色で受け取る

②ローカル変数

　ここでは、以下のローカル変数を使用します。

```
Dim 日 As Date
Dim 論理X As Double
Dim 論理Y As Double
Dim 新X As Double
```

```
Dim 新Y As Double
Dim 旧X As Double
Dim 旧Y As Double
```

　日は 30 日間の繰り返しを制御する For 文の制御変数、論理 X、論理 Y はバイオリズムグラフの論理座標、新 X、新 Y、旧 X、旧 Y は当日と前日の物理座標を格納します。

③凡例の仮編集

```
'凡例
Cells(行, 16).Select
    Selection.Value = 見出し
    Selection.Font.Color = RGB(R, G, B)
```

　説明が前後しますが、このサブルーチンで先に、第 3 引数で指定される行の 16 列目に凡例を仮置きします。この見出しの文字色は、フォントの色を RGB 関数によって指定します。

15	16	17	18
	身体	164.3915	
	感情	156.8902	
	知性	116.5026	

④折れ線としてのサインカーブの描画

　グラフは 30 日分の繰り返しによって描きます。

```
'線グラフ
For 日 = 開始日 To 終了日
```

　その繰り返しの中で、論理座標と対応する物理座標を計算します。

```
論理X = 日 - 開始日
新X = 60 + 論理X * X係数
```

　X 軸は、当該処理日は開始日から何日目に当たるかを論理座標とし、それに係数をかけて物理座標とします。ただし、ここで加算している 60 は、グラフの左余白を確保するためです。

```
論理Y = Sin((日 - 誕生日) / 周期 * 3.1415 * 2)
新Y = 120 - (論理Y * Y係数)
```

　Y軸は、当該処理日と誕生日の差（何日経過しているか）を周期で割った値の正弦値を Sin 関数によって計算します。

　さらに、その論理座標に係数をかけた値を 120 から引いています。

　これは、物理座標の原点はスクリーンの左上隅にあって、下向きに値が大きくなりますが、論理座標の Y 軸上の原点は上から 120 ピクセルにあり、上向きに大きくなるため、その補正をするものです。

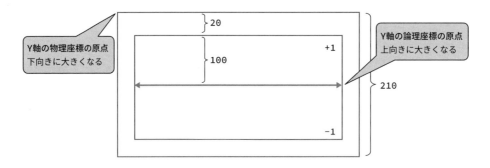

```
If 日 = 開始日 Then
    Cells(行, 17).Value = 新Y
Else
    ActiveSheet.Shapes.AddConnector(msoConnectorStraight, 旧X, 旧Y, _
                                                  新X, 新Y).Select

        With Selection.ShapeRange.Line
            .Visible = msoTrue
            .Weight = 2.25
            .ForeColor.RGB = RGB(R, G, B)
            .Transparency = 0
        End With
End If
```

　グラフは、初日を除き、(旧 X, 旧 Y) から (新 X, 新 Y) への直線で描きます。

(新X，新Y)

(旧X，旧Y)

日ごとのグラフは直線でも、一か月分をまとめると、曲線（Sin カーブ）となります。

なお、実際に線は、ActiveSheet の図形オブジェクト（Shapes）に対して、直線を追加する **AddConnector** というメソッドで描きますが、これもキー記録からの切り出したものです。

```
      旧X = 新X
      旧Y = 新Y
    Next 日
End Sub
```

いずれにしても、連続線を描くために、今日の新座標を昨日の旧座標に移して 30 日分を繰り返し、30 日分の処理を終了したらグラフサブルーチンは終了です。

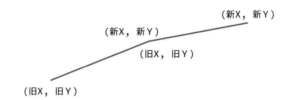

(6) UserForm1 の CommandButton2_Click() プロシージャ

「終了」ボタンがクリックされたら、ユーザーフォームを閉じて終了します。

```
Private Sub CommandButton2_Click()
    Unload Me
End Sub
```

7.5 温泉選び

ここでは、2 段階のリストボックスの例として、温泉選びのマクロを見てみましょう。

7.5.1 温泉選びマクロを使ってみよう

「サンプル」フォルダの Smp705 温泉選び .xlsm を読み込み、マクロを有効にすると、以下のダイアログが表示されます。

そこで、まず地方を選択します。

すると、選んだ地方にある温泉のリストが表示されるので、その中から 1 つを選ぶと、一人あたりの宿泊費が表示されます。

なお、ここで表示される温泉は実在する宿泊施設ではありません。またその宿泊費は架空の金額で実態を示唆するものではありません。

7.5.2 温泉選びマクロの処理内容

(1) マクロの起動

このマクロも、自動実行マクロによって起動されます。

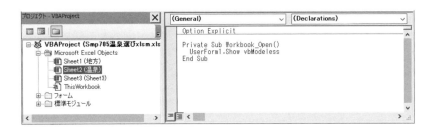

また、標準モジュールにも以下を用意しています。

(2) ユーザーフォーム1のオブジェクト

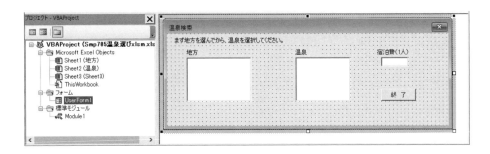

ここには、いくつかのラベルを除いて、主要なオブジェクトは3つです。

オブジェクト	用途
ListBox1	地方を選択するリストボックス
ListBox2	温泉を選択するリストボックス
TextBox1	一人当たりの宿泊費を表示するテキストボックス

(3) UserForm1 のグローバル変数

```
Option Explicit

Dim 地方 As Object
Dim 温泉 As Object
Dim 始め As Integer
```

「地方」と「温泉」は、ワークシートを格納するためのオブジェクト変数です。また、「始め」は地方が確定したときに値が設定されます。

(4) UserForm1 の初期化プロシージャ

```
Private Sub UserForm_Initialize()
    Set 地方 = Worksheets("地方")
    Set 温泉 = Worksheets("温泉")
'   ListBox1.List = 地方.Range(Cells(2, 1), 地方.Cells(10, 1)).Value
'   ListBox1.List = Range(地方.Cells(2, 1).Value, 地方.Cells(10, 1).Value).Value
    ListBox1.List = Range(地方.Cells(2, 1), 地方.Cells(10, 1)).Value
End Sub
```

ここでは、ListBox1 の List プロパティにリスト範囲を設定していますが、

```
ListBox1.List = 地方.Range("A1:A10").Value
```

でもよいのですが、2 つ目のリストボックスと協調するため、

```
ListBox1.List = Range(地方.Cells(2, 1), 地方.Cells(10, 1)).Value
```

としています。これは「地方」シートの Range("A2:A10") を意味します。

ただし、以下ではアクティブシートが「地方」でなければなりません。Cells(2,1) が「地方」シートを引用する必要があるためです。

```
ListBox1.List = 地方.Range(Cells(2, 1), 地方.Cells(10, 1)).Value
```

また下記ではセルの値（内容）を取り出してしまうため、Range(" 北海道：九州 ") という意味不明なセル範囲を指定することになります。

```
ListBox1.List = Range(地方.Cells(2, 1).Value, 地方.Cells(10, 1).Value).Value
```

もちろん、Range オブジェクトの取得に失敗したというエラーとなって実行することはできません。

(5) 地方が確定したとき

```
Private Sub ListBox1_Change()
    Dim 地方名 As String
    Dim 行 As Integer
    Dim 終り As Integer
    行 = ListBox1.ListIndex          ListBox1.ListIndex は先頭（北海道）を
                                     ゼロから出発する。
    地方名 = 地方.Cells(行 + 2, 1).Value
```

```
        行 = 2
        Do Until 地方名 = 温泉.Cells(行, 1).Value
            行 = 行 + 1
        Loop
        始め = 行
        行 = 行 + 1
        Do While 温泉.Cells(行, 1).Value = ""
            行 = 行 + 1
        Loop
        終り = 行 - 1
        ListBox2.List = Range(温泉.Cells(始め, 2), 温泉.Cells(終り, 2)).Value
        TextBox1.Text = ""
End Sub
```

> 始めの位置
> 指定された地方が現れるまで
> 繰り返す。

> 終りの位置
> 地方が空白（同じ地方）の間は繰り返す。
> 地方が空白でなくなる（別の地方が始まる）まで繰り返す。

ここでは、選択された地方にある温泉を ListBox2（温泉）のリストに表示します。

たとえば、九州が選択されたとすると、まず、1 列目から九州を見つけるまでループし、九州を見つけた行を「始め」に退避しておきます。

つづいて、1 列目が空白でなくなるまでループし、空白でない（次の地方の温泉）行から 1 を引いて「終り」とします。したがって 42 行目に、九州の終わりを示すサインとしての「終り」が無いと、ループから抜け出せなくなってしまします。

なお、List プロパティは、ListBox1（地方）と同様、

```
ListBox2.List = Range(温泉.Cells(始め, 2), 温泉.Cells(終り, 2)).Value
```

として、温泉リストを定義します。

(6) 温泉が確定したとき

```
Private Sub ListBox2_Change()
    Dim 行 As Integer
```

```
    行 = ListBox2.ListIndex + 始め
    TextBox1.Text = 温泉.Cells(行, 3).Text
End Sub
```

　確定した温泉の ListBox2.ListIndex は先頭を 0 とするので、そのまま「始め」を加えれば、行位置を求められます。

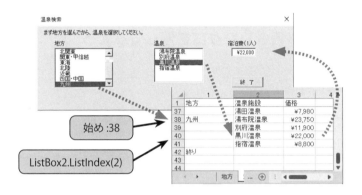

　ここでは、セルの Text プロパティで内容を取り出すことにより、¥22,000 というように書式によって編集された文字列として値を代入しています。

```
TextBox1.Text = 温泉.Cells(行, 3).Text
```

　これは、これまでのようにセルの Value プロパティで内容を取り出すと、22000 という数値となってしまうためです。

(7) 終了

```
Private Sub CommandButton1_Click()
    Unload Me
End Sub
```

　終了ボタンは UserForm1 を閉じて、このマクロを終了します。

7.6　タイヤの見積もり

これも 2 段階の検索マクロの例です。

7.6.1　タイヤの見積もりマクロを使ってみよう

「サンプル」フォルダの Smp706 タイヤ見積もり .xlsm を読み込み、マクロを有効にすると、以下のダイアログが表示されます。

なおこのユーザーフォームもモードレスで開かれているので、邪魔にならない場所に移動し、ワークシート操作を行うことができます。

使い方は以下の通りです。

1. タイヤの種類と、タイヤのリム径を選択してから「検索」ボタンをクリックし、候補となるタイヤの一覧を表示します。別のタイヤ種類、リム径に切り替える場合も同様です。
2. タイヤの一覧から、製品を選択すると、単価が表示されます。
3. よければ、「見積もりに追加」ボタンで、「お見積書」に追加します。
4. 最初からやり直すには「見積もりクリア」で、それまでの見積もりを消去します。
5. 「終了」ボタンで、ユーザーフォームを閉じます。

7.6.2　タイヤの見積もりマクロを見てみよう

（1）ワークシート

このブックは、以下のワークシートによって構成されています。

①見積もりシート

　製品ごとの見積もりを提示するためのシートで、このまま印刷して見積書とすることを想定しています。

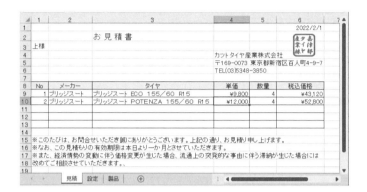

　なお、「単価」、「小計」、「消費税」、「税込合計」列は、セル書式として通貨（￥マーク、3ケタおきのカンマの挿入）を指定しています。

②設定シート

　2つのリストボックスのリストを設定する作業用のシートです。

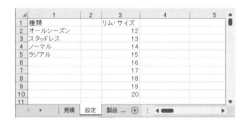

③製品シート

　このシートは、タイヤの全製品が記録されている製品マスターで、データは「種類」、「リム径」、「メーカー」の順にソートされています。したがって、目的とするタイヤは、種類を特定し、その中のリム径を探すことになります。これを拠り所にマクロを見てみましょう。

(2) ユーザーフォームの起動

このマクロも、自動実行マクロとして登録されています。

また、標準モジュールにも見積もり Sub プロシージャとして登録されていますから、マクロ一覧からも実行することができます。

なお、ここでもユーザーフォームをモードレスモードで表示します。

(3) ユーザーフォームのオブジェクト

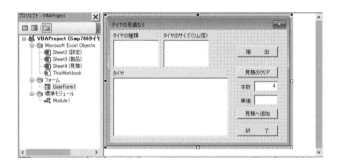

この UserForm1 では、以下のオブジェクトを使用します。CommandButton と TextBox はオブジェクト名を以下のように変更しています。

オブジェクト名	種類	用途
ListBox1	ListBox	タイヤの用途を選択するためのリストボックス
ListBox2	ListBox	タイヤのサイズ（リム径）を選択するためのリストボックス
ListBox3	ListBox	タイヤを選択するためのリストボックス
抽出	CommandButton	指定された種類とサイズのタイヤを抽出する
見積クリア	CommandButton	見積もりシートをクリアする
見積追加	CommandButton	ListBox3のタイヤを見積シートに追加する
終了	CommandButton	ユーザーフォームを閉じる
本数	TextBox	タイヤの本数を入力する。ただし、省略値（4）でよければ入力する必要はない。
単価	TextBox	選択したタイヤの単価を表示する
Label3	Label	プロンプトメッセージを表示する

（4）グローバル変数

```
Option Explicit
Dim 設定 As Object
Dim 製品 As Object
Dim 始め As Integer
Dim 終り As Integer
```

「始め」と「終り」は各プロシージャ間の共通領域というわけではなく、それぞれのプロシージャでの宣言を省略するために定義しています。

（5）ユーザーフォームの初期化

```
Private Sub UserForm_Initialize()
    Set 設定 = Worksheets("設定")
    Set 製品 = Worksheets("製品")
    ListBox1.List = 設定.Range("A2:A5").Value    ◀── タイヤの種類のリスト
    ListBox2.List = 設定.Range("C2:C10").Value   ◀── タイヤのサイズ（リム径）のリスト
End Sub
```

それぞれのワークシートを共通領域に格納し、タイヤの種類とサイズのリストボックスのリストを設定します。

(6) 抽出ボタンのクリック

```
Private Sub 抽出_Click()
    Dim 種類 As String
    Dim サイズ As String
    Dim 範囲 As String
    If ListBox1.Text = "" Then
        Label3.Caption = "タイヤの種類を指定してください。"
        Exit Sub
    End If
    If ListBox2.Text = "" Then
        Label3.Caption = "タイヤのサイズ(リム径)を指定してください。"
        Exit Sub
    End If
    種類 = ListBox1.Text
    サイズ = Val(ListBox2.Text)
    始め = 1
    Do Until 種類 = 製品.Cells(始め, 3)
        始め = 始め + 1
    Loop
    Do Until サイズ = 製品.Cells(始め, 4)
        始め = 始め + 1
    Loop
    終り = 始め
    Do While サイズ = 製品.Cells(終り, 4)
        終り = 終り + 1
    Loop
    範囲 = "E" & 始め & ":E" & (終り - 1)
    ListBox3.List = 製品.Range(範囲).Value
    Label3.Caption = "タイヤを選択してください。"
End Sub
```

　指定された種類とサイズのタイヤが製品シートのどこにあるかを探索し、ListBox3 のリストに抽出します。そのために、製品一覧の先頭から、目的とするタイヤの種類の始まりを見つけ出します。そこからさらに、指定されたサイズの始まりを見つけ、その行位置を「始め」に求めます。

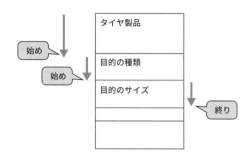

　さらに、そこから指定されたサイズの終り（他のサイズに変わる）を見つけ、その行位置を「終り」に求めます。

　その「始め」から「終り」までの範囲を ListBox3 のリストとして設定します。なお、ここでもセル範囲を文字列に編集します。たとえば、「始め」が 92、「終り」が 108 だとすれば、範囲 "E92:E108" を ListBox3 のリストとします。

(7) 製品が選択された時の処理

```
Private Sub ListBox3_Change()
    Dim 行 As Integer
    行 = ListBox3.ListIndex + 始め
    単価.Text = 製品.Cells(行, 6)
End Sub
```

　タイヤが選択された場合には、その単価をテキストボックスに表示します。

(8) 見積クリアボタン

```
Private Sub 見積クリア_Click()
    Range("A9:H13").ClearContents
End Sub
```

　5行分の見積を無条件に消去します。

(9) 見積へ追加

```
Private Sub 見積追加_Click()
    Dim 転記元 As Integer
    Dim 転記先 As Integer
    If ListBox3.ListIndex < 0 Then
        Label3.Caption = "タイヤが選択されていません。"
    Else
        転記元 = 始め + ListBox3.ListIndex
        転記先 = 8
        Do Until Cells(転記先, 1) = ""
            転記先 = 転記先 + 1
        Loop
        If 13 < 転記先 Then
            Label3.Caption = "見積もり行がいっぱいで入りません。"
        Else
            Cells(転記先, 1) = 転記先 - 8
            Cells(転記先, 2) = 製品.Cells(転記元, 2)
            Cells(転記先, 3) = 製品.Cells(転記元, 5)
            Cells(転記先, 4) = 製品.Cells(転記元, 6)
            Cells(転記先, 4).NumberFormatLocal = "\#,##0"
            Cells(転記先, 5) = Val(本数.Text)
            Cells(転記先, 6).FormulaR1C1 = "=(RC[-2]*RC[-1])+(RC[-2]*RC[-1]*0.1)"
            Cells(転記先, 6).NumberFormatLocal = "\#,##0"
        End If
        ListBox3.ListIndex = -1
    End If
End Sub
```

　見積りに追加するためには、タイヤが選択されていなければなりません。そこで、ListBox3. ListIndex がゼロより小さい、すなわちマイナスならばエラーとします。

　見積りに追加するタイヤはリストボックスの選択されたリスト位置（ListBox3.ListIndex）に、選択された種類とサイズの開始位置（始め）を加えた行を転記元とします。

```
転記元 = 始め + ListBox3.ListIndex
```

　また、転記先は、見積書の 8 行目から探索して最初の空白行を転記先とします。それが 13 以上であれば、見積書に追加できないエラーとします。

あとは転記元から転記先にメーカー、タイヤ名、単価をコピーします。また、税込価格はマクロで計算してもよいのですが、数式として設定します。単価や数量が変更されても自動再計算の対象とするためです。

```
Cells(転記先, 6).FormulaR1C1 = "=(RC[-2]*RC[-1])+(RC[-2]*RC[-1]*0.1)"
                    本体価格      + 消費税
```

なお、単価と税込価格は、金額なので、¥マークや3ケタおきのカンマを挿入するために、セルの書式プロパティとして通貨の書式を設定します。これは、キー記録でセルの書式設定のキー記録マクロから切り出したものです。

(10) 終了ボタンのクリック

```
Private Sub CommandButton2_Click()
    Unload Me
End Sub
```

このユーザーフォームを閉じて処理を終了します。

7.7　家計簿

家計簿をつけてみようと思い立ってはみたものの、すぐに投げ出してしまう人の原因の多くは費目のミスマッチにあるといわれています。つまり、お仕着せの家計簿では

- あまりに細かすぎて分類がたいへん
- 逆に大雑把すぎて役に立たない

というように、家計簿をつける目的と費目のミスマッチがその要因としてあげられています。

ここでは、利用者が家計簿をつける目的に合わせて、費目を自由に変更できる、つまり家計簿をつける目的に合わせたカスタマイズができる家計簿、お仕着せではなく自身の目的にフィットできる家計簿マクロを見てみましょう。

7.7.1 家計簿マクロを使ってみよう

「サンプル」フォルダの Smp707 家計簿 .xlsm を読み込むと、以下のダイアログが現れます。

(1) データ入力

最初のメニューで「データ入力」ボタンをクリックして、データ入力フォームを表示します。

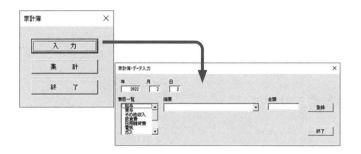

　ここで、費目、摘要、金額を入力して、「登録」ボタンをクリックすると、データが現金出納帳の最後のレコードとして記帳されるとともに、該当する費目のワークシートの最後のレコードとして転記されます。

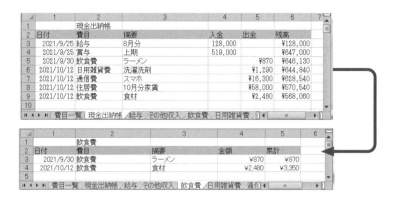

(2) 集計

　また、最初のメニューで「集計」ボタンをクリックすると、集計シートに月×費目に集計します。

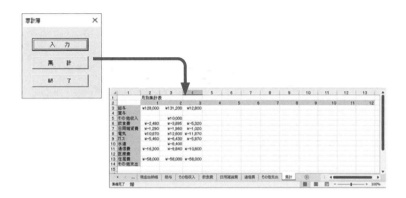

(3) 費目のカスタマイズ

このマクロは、お仕着せの家計簿ではなく、ご自身の目的にフィットさせるために、家計簿をつける目的に応じて、費目をカスタマイズすることができます。その方法について見てみましょう。

①費目一覧シートの定義

家計簿の費目は、費目一覧シートで定義します。このシートを書き換えることによって、費目をカスタマイズします。

そのルールは次の通りです。

- 区分は、収入、支出のみで、その順に並べなければなりません。つまり、収入や支出をランダムに並べることはできません。
- 収入の最後の費目は「その他収入」でなければなりません。
- 支出の最後の費目は「その他支出」でなければなりません。

②費目シートの用意

費目と同じ名前のワークシートがある場合には、そのワークシートにもデータが蓄積されます。

逆に、費目に対応したワークシートが存在しない場合は、「その他収入」または「その他支出」の
シートに蓄積されます。

特に注目したい費目について、個々のデータを確認するためにワークシートを用意するわけです。

7.7.2 家計簿マクロの処理内容

(1) 家計簿マクロのブック構成

このブックには以下のワークシートがあります。

ワークシート	区分	用途
費目一覧	必須	家計簿の費目を定義する基本的なワークシート
現金出納帳	必須	すべてのデータを記録する元帳
給与	任意	時に注目したい費目のデータ
その他収入	必須	費目のワークシートが定義されていない収入データ
飲食費	任意	時に注目したい費目のデータ
日用雑貨費	任意	時に注目したい費目のデータ
通信費	任意	時に注目したい費目のデータ
その他支出	必須	費目のワークシートが定義されていない支出データ
集計	必須	集計用のワークシート

上表で、区分が任意のワークシートは削除したり、また他の費目のワークシートを追加するこ
とができます。ただし、区分が必須のワークシートを削除することはできません。

(2) 自動実行マクロ

このマクロも自動実行マクロとして登録されています。

さらに、標準モジュールの「家計簿」としても登録されています。

(3) メインメニュー（UserForm0）

最初に表示される UserForm0 は以下のメインメニューです。

3つのボタンによって、処理を振り分けています。

```
Option Explicit

Private Sub 入力ボタン_Click()
    UserForm1.Show vbModeless
End Sub

Private Sub 集計ボタン_Click()
    Call 集計
End Sub

Private Sub 終了ボタン_Click()
    Unload Me
End Sub
```

(4) UserForm1

メインメニューで、入力ボタンがクリックされると表示するユーザーフォームで、データを入力し、入力したデータを現金出納帳の最後のレコードに書き出します。

①オブジェクトとコントロール

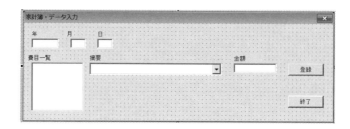

　このユーザーフォームでは以下のオブジェクトを使用しています。なおオブジェクト名を変更していますが、プロシージャで用いる変数名と重ならないように、ここでは先頭を「入力」から初めています。

オブジェクト名	コントロール	用途
入力年	TextBox	年を入力する
入力月	TextBox	月を入力する
入力日	TextBox	日を入力する
入力費目	ListBox	費目を一覧から選択する
入力摘要	ComboBox	適用を入力する
入力金額	ListBox	金額を入力する
入力登録	CommandButton	入力データを現金出納帳に登録する
入力終了	CommandButton	終了する

②グローバル変数

```
Option Explicit
Dim 参照 As Object
Dim 費目 As String
Dim 区分 As String
Dim シート As String
```

　なお、このユーザーフォームから入力されたデータを現金出納帳に書き出すわけですが、その過程で、費目一覧シートを参照します。

③ユーザーフォームの初期化

```
Private Sub UserForm_Initialize()
    Dim 行 As Integer
    Dim 範囲 As String
    'リストボックスへのデータ表示
    Set 参照 = Worksheets("費目一覧")
    行 = 参照.Cells(1, 1).End(xlDown).Row
    範囲 = "A2:A" & 行
    入力費目.List = 参照.Range(範囲).Value  ← 費目一覧のリストを費目一覧シートの
    '月日の初期値                              1列目からから設定
    Worksheets("現金出納帳").Select
    入力年.Text = Year(Date)
    入力月.Text = Month(Date)  今日の日付を設定
    入力日.Text = Day(Date)
End Sub
```

　ユーザーフォームの初期化では、費目一覧 ListBox のリストに、費目一覧シートの1列目から設定します。2行目から13行目というように固定するのではなく、挿入削除されている場合に備えて、**End** プロパティーの下向き（**xlDown**）の行（**Row**）から範囲を設定します。

　これもキー記録で、連続領域の中で［End］キーと［↓］キーを押して得られる命令から切り出しています。ここでは、少なくとも1件以上の費目がなければなりません。この End プロパティーは下向きにデータが1件も無いと、行の最大値を返すためであり、ここではそうしたイレギュラー処理をしていないためです。

④費目一覧が変更されたとき

　入力費目リストボックスが変更された（費目が決定された）時、入力摘要コンボボックスのリストを設定します。

```
Private Sub 入力費目_Change()
    Dim カウンタ As Integer
    Dim フラグ As Integer
```

```
        Dim 行 As Integer
        Dim 摘要 As String
        'コンボボックスへのリスト登録
        If 入力費目.Text <> "" Then
            費目 = 入力費目.Text
            行 = 入力費目.ListIndex + 2
            区分 = 参照.Cells(行, 2).Value
            シート = 費目
            On Error GoTo エラートラップ
            Worksheets(シート).Select
            行 = 3
            入力摘要.Clear
            While Cells(行, 2).Value <> ""
                摘要 = Cells(行, 3).Value
                フラグ = 0
                For カウンタ = 0 To 入力摘要.ListCount - 1
                    If 摘要 = 入力摘要.List(カウンタ) Then
                        フラグ = 1
                        Exit For
                    End If
                Next カウンタ
                If フラグ = 0 Then 入力摘要.AddItem 摘要
                行 = 行 + 1
            Wend
        End If
        Exit Sub
エラートラップ:
        If 区分 = "収入" Then シート = "その他収入" Else シート = "その他支出"
        Resume 0
End Sub
```

> 「費目」シートを選択
> 存在しない場合は「その他収入」または
> 「その他支出」に変更

> 「入力摘要」コンボボックスのリストクリア

> 「入力摘要」コンボボックスのリストに追加

> 「費目」シートが存在しない場合「区分」が"収入"なら"その他収入"を、"支出"なら"その他支出"を「費目」シートにセットするは、「エラートラップ」へ

　入力摘要の参照元は、指定された費目としてこれまでに入力されたデータです。たとえば。通信費が指定されたとすれば、これまでに入力された摘要の中から同じものを省き、異なる摘要の一覧リストとしてコンボボックスのリストとします。ただし、「通信費」ワークシートが存在しなければ「その他支出」シートから摘要リストを抽出します。

　まず、Worksheets(シート).Select によって「通信費」ワークシートを選択します。もし、「通信費」ワークシートが存在しなければエラーとなり、ラベル「エラートラップ」に分岐しますので、シート = " その他支出 " に変更してから、改めて Worksheets(シート).Select を実行することになります。つまり、以降の処理は「通信費」ワークシートまたは「その他支出」シートに基づいてコンボボックスのリストの追加処理を行います。

⑤登録ボタンがクリックされたとき

データを登録する前に、まずエラーチェックを行います。

```
Private Sub 入力登録_Click()
    Dim 行 As String
    Dim 区分 As String
    'データのエラーチェック
    If 入力費目.ListIndex <= -1 Then    ←――――「費目」が選択されていない
        Call MsgBox("科目が指定されていません")
        Exit Sub
    End If
    行 = 入力費目.ListIndex + 2
    区分 = 参照.Cells(行, 2).Value
    If 入力摘要.Text = "" Then    ←――――「摘要」が入力されていない
        Call MsgBox("摘要が指定されていません")
        Exit Sub
    End If
    If IsNumeric(入力金額.Text) Then    ←――――「金額」は数値か?
    Else
        Call MsgBox("金額が正しく入力されていません")
        入力金額.Text = ""
        Exit Sub
    End If
```

エラーが無いデータを現金出納帳の最後に追記します。そのために、現金出納帳の2列目が空白の行にデータを書き込みます。またその行が先頭レコードでなければ、残高の計算式を設定します。

```
    '現金出納帳レコード出力位置の検出
    Worksheets("現金出納帳").Select
    行 = 2
    Do Until Cells(行, 2).Value = ""
        行 = 行 + 1
    Loop
    'フォームデータをセルに出力する
    Cells(行, 1).Value = 入力年.Text & "/" & 入力月.Text & "/" & 入力日.Text
    Cells(行, 2).Value = 費目
    Cells(行, 3).Value = 入力摘要.Text             '摘要
    If 区分 = "収入" Then
        Cells(行, 4).Value = 入力金額.Text         '入金
```

```
Else
    Cells(行, 5).Value = 入力金額.Text        '出金
End If
Cells(行, 5).NumberFormatLocal = "¥#,###"
If 行 <= 3 Then                              '残高
    Cells(行, 6).Value = 入力金額.Text
Else
    Cells(行, 6).FormulaR1C1 = "=R[-1]C+RC[-2]-RC[-1]"
End If
Cells(行, 6).NumberFormatLocal = "¥#,###"
```

現金出納帳と同様に、例えば、費目が「通信費」であれば、

● 「通信費」シートがあれば「通信費」シート
● 「通信費」シートが無ければ「その他支出」シート

の最後のレコードとして追記します。さらに、それが先頭レコードでなければ、累計の計算式を
設定します。

```
'費目別シートへの転記
Worksheets(シート).Select
行 = 2
Do Until Cells(行, 2).Value = ""
    行 = 行 + 1
Loop
'フォームデータをセルに出力する
Cells(行, 1).Value = 入力年.Text & "/" & 入力月.Text & "/" & 入力日.Text
Cells(行, 2).Value = 入力費目.Text              '費目
Cells(行, 3).Value = 入力摘要.Text              '摘要
Cells(行, 4).Value = 入力金額.Text              '金額
Cells(行, 4).NumberFormatLocal = "¥#,###"
If 行 <= 3 Then                              '残高
    Cells(行, 5).Value = 入力金額.Text
Else
    Cells(行, 5).FormulaR1C1 = "=R[-1]C+RC[-1]"
End If
Cells(行, 5).NumberFormatLocal = "¥#,###"
'入力フィールドのクリア
入力費目.ListIndex = -1
入力摘要.ListIndex = -1
入力金額.Text = ""
```

```
        Worksheets("現金出納帳").Select
End Sub
```

⑥終了ボタンがクリックされたとき

```
Private Sub CommandButton2_Click()
    Unload Me
End Sub
```

ユーザーフォームを閉じて終了します。

(5) 集計サブルーチン

①ローカル変数

これは先のメインメニューで「集計ボタン」がクリックされた時に呼び出されるサブルーチンで、以下のローカル変数を宣言しています。

```
Private Sub 集計()
    '集計
    Dim 縦 As Integer
    Dim 横 As Integer
    Dim 行 As Integer
    Dim 月 As Integer
    Dim 費目 As String
    Dim 金額 As Long
    Dim 出納 As Object
    Dim 参照 As Object
    Set 出納 = Worksheets("現金出納帳")
    Set 参照 = Worksheets("費目一覧")
```

この集計は、以下の3つのワークシートを用いておこないます。

②集計表としてのフレーム作成

```
'集計表フレーム
Worksheets("集計").Select
Cells.ClearContents                    ←  「集計」シートの全セルをクリア
Cells(1, 2).Value = "月別集計表"
For 横 = 1 To 12
    Cells(2, 横 + 1).Value = 横          ←  「集計」シートの横（月）タイトル
Next 横
行 = 2
Do Until 参照.Cells(行, 2).Value = ""
    Cells(行 + 1, 1).Value = 参照.Cells(行, 1).Value
    行 = 行 + 1
Loop                                        「集計」シートの縦（費目）タイトル
```

まず、Cells.ClearContents によって、全行、全列すなわち前回の集計結果をクリアします。つづいて、「集計」シートに以下のように集計表のフレームを作ります。

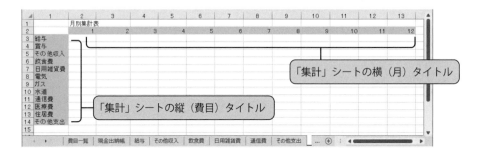

③現金出納帳の金額集計

最後に、現金出納帳にある全データについて、その日付の月を横軸に、費目を縦軸とするセルに金額を加算します。

```
'月×費目　クロス集計
行 = 3
Do Until 出納.Cells(行, 2).Value = ""          ←  「現金出納帳」シートの全データ
    月 = Month(出納.Cells(行, 1).Value)          ←  横（月）位置
    費目 = 出納.Cells(行, 2).Value
    金額 = 出納.Cells(行, 4).Value – 出納.Cells(行, 5).Value
    縦 = 3
```

```
        Do Until Cells(縦, 1).Value = ""
            If 費目 = Cells(縦, 1).Value Then Exit Do          縦（費目）位置
            縦 = 縦 + 1
        Loop
        If Cells(縦, 1).Value <> "" Then
            Cells(縦, 月 + 1).Value = Cells(縦, 月 + 1).Value + 金額
            Cells(縦, 月 + 1).NumberFormatLocal = "¥#,###"
        End If                                              横（月）×縦（費目）の該当
        行 = 行 + 1                                          位置に、金額を累計
    Loop
End Sub
```

7.8 学習塾の成績表

7

7.8.1 学習塾の成績表マクロを動かしてみよう

　「サンプル」フォルダの Smp708 学習塾成績表 .xlsm を読み込み、マクロを有効にすると、以下のダイアログが表示されます。

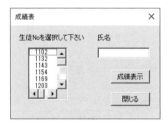

　生徒 No を選択すると、その氏名が表示されます。

そこで、「成績表示」ボタンをクリックすると、その成績表が以下の様に「出力」シートに表示されます。

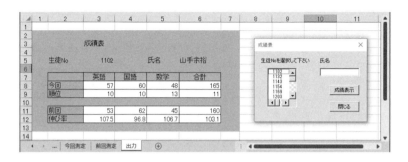

7.8.2 学習塾の成績表マクロを見てみよう

(1) ブックの構成

このマクロでは、以下の4つのワークシートを利用します。

ワークシート	概要
生徒マスタ	学習塾に登録されている生徒一覧
前回測定	前回テストの成績
今回測定	今回テストの成績
出力	表示用シート

(2) マクロの起動

このマクロも自動実行マクロが登録されています。

また標準モジュールにも登録されているので、マクロ一覧から「成績表」マクロとして実行することができます。

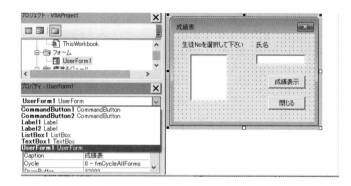

(3) UserForm1 のオブジェクト

このユーザーフォームのオブジェクトは以下の通りです。

以下は、主なオブジェクトとその用途です。

オブジェクト	用途
CommandButton1	選択した生徒 No の成績を表示する
CommandButton2	このユーザーフォームを閉じてマクロを終了する
ListBox1	生徒 No を選択する
TextBox1	生徒 No に対応した氏名を表示する

(4) UserForm1 のプロシージャ

①グローバル変数

```
Option Explicit
Dim 生徒 As Object
Dim 今回 As Object
Dim 前回 As Object
Dim 終端 As Integer
```

```
Dim 位置 As Integer
Dim 生徒No As Integer
Dim 氏名 As String
```

4つのワークシートのうち、「出力」シートをアクティブ・ワークシートとして参照し、その他は、それぞれ対応する変数によって参照します。

②ユーザーフォームの初期化

```
Private Sub UserForm_Initialize()
    Dim 行 As Integer
    Dim 範囲 As String
    Set 生徒 = Worksheets("生徒マスタ")
    Set 今回 = Worksheets("今回測定")
    Set 前回 = Worksheets("前回測定")
    Worksheets("出力").Select
    行 = 3
    Do Until 生徒.Cells(行, 1).Value = ""
        行 = 行 + 1
    Loop
    終端 = 行 - 1
    範囲 = "A3:A" & 終端
    ListBox1.List = 生徒.Range(範囲).Value      ← ListBox1のリストに「生徒マスタ」シート
End Sub                                          の1列目の生徒Noを設定する。
```

ワークシート変数に対応するワークシートを設定するとともに、ListBox1のリストに、「生徒マスタ」に登録されている生徒Noを登録します。

③生徒Noが確定したとき

```
Private Sub ListBox1_Change()
    Dim 列 As Integer
    位置 = ListBox1.ListIndex + 3
    生徒No = 生徒.Cells(位置, 1).Value
    氏名 = 生徒.Cells(位置, 2).Value
    TextBox1.Text = 氏名
    ' 結果エリアクリア
    Cells(5, 3).Value = ""
    Cells(5, 6).Value = ""
    For 列 = 3 To 6
```

```
            Cells(8, 列).Value = ""
            Cells(9, 列).Value = ""
            Cells(11, 列).Value = ""
            Cells(12, 列).Value = ""
        Next 列
    End Sub
```

　ListBox1 の ListIndex は選択された項目の順番を示しますが、それに 3 を加えて、その生徒の
データがある行をグローバル変数「位置」に設定し、その行の 1 列目から「生徒 No」、2 列目から「氏
名」に設定しています。

　また、出力シートの編集欄をクリアーしておきます。

④ 「成績表示」ボタンをクリックした時

```
Private Sub CommandButton1_Click()
    Dim 列 As Integer
    ' 表示チェック
    If 今回.Cells(位置, 6).Value = "" Then
        MsgBox ("今回の測定記録が無いので表示できません。")
        Exit Sub
    End If
```

　まず、表示すべきデータが無い場合は、エラーとして、Sub プロシージャから抜け出します。

```
    ' 今回成績と順位
    Cells(5, 3).Value = 生徒No
    Cells(5, 6).Value = 氏名
    For 列 = 3 To 6
        Cells(8, 列).Value = 今回.Cells(位置, 列).Value
        Cells(9, 列).Value = 順位(Cells(8, 列).Value, 列)
    Next 列
```

　つづいて、「今回測定」シートの今回測定したデータを「出力」シートの白抜き欄に編集します。
なお、その順位は、関数「順位」から求めています。

```
Function 順位(成績 As Integer, 列 As Integer) As Integer
    Dim 行 As Integer
    順位 = 1
```

```
        For 行 = 3 To 終端
            If 成績 < 今回.Cells(行, 列).Value Then
                順位 = 順位 + 1
            End If
        Next 行
End Function
```

　順位関数では、仮引数の「成績」よりも良い成績（大きいデータ）の生徒が何人いるかをカウントすることによって、順位としています。ここでは「より大きい？」という条件で判定するために、自分自身の成績は該当しません。なお、よい成績の生徒が一人もいなければ 1 位とするために、順位は 1 から出発しています。

```
    ' 前回成績と伸び率
    For 列 = 3 To 6
        Cells(11, 列).Value = 前回.Cells(位置, 列).Value
        If 0 < Cells(11, 列).Value Then
            If 0 < Cells(8, 列).Value Then
                Cells(12, 列).Value = Cells(8, 列).Value / Cells(11, 列).Value * 100
            End If
        End If
    Next 列
End Sub
```

　また、「前回測定」シートの前回測定したデータも「出力」シートの白抜き欄に編集します。なお、ここでは、順位ではなく、伸び率を計算します。そこで、今回、前回ともにデータが測定されていなければなりません。

⑤「閉じる」ボタンをクリックした時

```
Private Sub CommandButton2_Click()
    Unload Me
End Sub
```

　このユーザーフォームを閉じてマクロを終了します。

7.9 消耗品在庫管理

7.9.1 消耗品在庫管理マクロを動かしてみよう

「サンプル」フォルダの Smp709 消耗品在庫管理 .xlsm を読み込み、マクロを有効にすると、以下のダイアログが表示されます。

このマクロは、消耗品を出庫する管理室で、いろいろな部署からの出庫をノートに書き込んでいた在庫管理をパソコンに置き換えたものです。特にパスワードのような認証手続きやセキュリティー対策はありません。

①出庫処理

消耗品を持ち出す（出庫する）場合には、部署リストから部署を選択し、消耗品リストから消耗品を選択し、その数量を入力して、「登録」ボタンを押します。

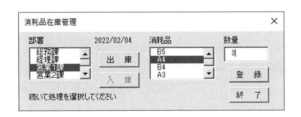

②入庫処理

発注した商品は、総務課に届けられるので、総務課で入荷処理を行います。したがって、部署リストから総務課が選択されると、「出庫」か、「入庫」か選択できるので「入庫」を選択し、入荷した消耗品を消耗品リストから選択し、その数量を入力して登録ボタンをいます。

③発注処理

　なお、各消耗品は発注点（それよりも在庫が少なくなったら発注する基準）より在庫が少なく
なったら、自動的に発注処理を行います。ただし、実際の発注に伴う外部との取引は当マクロと
は切り離されています。

7.9.2　消耗品在庫管理ブックの構成

（1）在庫シート

これより在庫が少なくなった
ら発注する在庫数

発注された商品が入荷
されていない数

　これは、すべての消耗品について、その現在の在庫数を示すばかりでなく、以下を示す消耗品
マスターです。

在庫数	現在の管理室にある在庫数
発注点	在庫数がこれよりも少なくなったら発注する基準
発注数	発注する場合の基本となる発注量
発注残数	発注した消耗品がまだ入荷されていない数量

(2) 部署シート

　消耗品を使用する、すなわちこのシステムを利用する部署の一覧です。なお、この消耗品管理を主幹するのは総務課です。

(3) 出庫明細シート

　各部署が、いつ何をいくつ出庫したか、という明細を記録します。

(4) 発注明細

　いつ何をいくつ発注したか、という発注明細を記録します。

(5) 入庫明細

　発注した消耗品が、いつ、いくつ入庫したか、という入庫明細を記録します。

7.9.3 消耗品在庫管理マクロを見てみよう

(1) 自動実行マクロ

ThisWorkbook モジュールの以下のプロシージャによって、このマクロも自動実行マクロとして起動されます。

```
Option Explicit

Private Sub Workbook_Open()
    UserForm1.Show vbModeless
End Sub
```

ここでも標準モジュールにも「在庫管理」マクロを登録しておくことで、マクロ一覧からもテスト、実行できるようになっています。

標準モジュール（Module1）

```
Sub 在庫管理()
    UserForm1.Show vbModeless
End Sub
```

(2) ユーザーフォームのオブジェクト

ここでは以下のオブジェクトを使用します。オブジェクト名は既定のまま使用します。

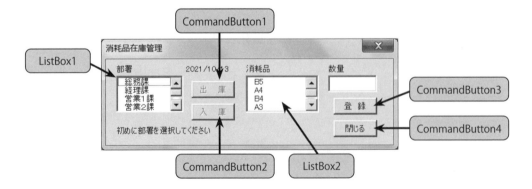

(3) グローバル変数

```
Option Explicit
Dim 部署 As Object
Dim 在庫 As Object
Dim 出庫明細 As Object
Dim 発注明細 As Object
Dim 入庫明細 As Object
Dim 部署No As Integer
Dim 部署名 As String
Dim 商品No As Integer
Dim 商品名 As String
Dim 処理 As String
```

(4) ユーザーフォームのイベントプロシージャ

①初期化処理

```
Private Sub UserForm_Initialize()
    Set 部署 = Worksheets("部署")
    Set 在庫 = Worksheets("在庫")
    Set 出庫明細 = Worksheets("出庫明細")
    Set 発注明細 = Worksheets("発注明細")
    Set 入庫明細 = Worksheets("入庫明細")
    ListBox1.List = 部署.Range("A2:A7").Value
    ListBox2.List = 在庫.Range("A2:A6").Value
    Label4.Caption = Date
    Label5.Caption = "初めに部署を選択してください"
    CommandButton1.Enabled = False
    CommandButton2.Enabled = False          無効（ユーザーの応答に反応しない）
    ListBox2.Enabled = False
    Worksheets("在庫").Select
End Sub
```

このマクロは「在庫」シートをアクティブシートとして、他はシート変数から引用します。

② ListBox1_Click（部署が決定したとき）

```
Private Sub ListBox1_Click()
    部署No = ListBox1.ListIndex + 2
    部署名 = ListBox1.Text
    ListBox2.Enabled = True
    If 部署名 = "総務課" Then
        CommandButton1.Enabled = True
        CommandButton2.Enabled = True
    Else
        CommandButton1.Enabled = True
        CommandButton2.Enabled = False
        処理 = "出庫"
    End If
    Label5.Caption = "続いて処理を選択してください"
End Sub
```

有効（ユーザーの応答に反応する）

部署が総務課であれば、「入庫」処理を有効とします。

③ CommandButton1_Click（出庫ボタンがクリックされたとき）

```
Private Sub CommandButton1_Click()
    処理 = "出庫"
End Sub
```

④ CommandButton2_Click（入庫ボタンがクリックされたとき）

```
Private Sub CommandButton2_Click()
    処理 = "入庫"
End Sub
```

⑤ CommandButton3_Click（登録ボタンがクリックされたとき）

```
Private Sub CommandButton3_Click()
    If 処理 = "出庫" Then
        Call 出庫
    Else
        Call 入庫
```

```
    End If
End Sub
```

　実際の登録処理は、「出庫」または「入庫」サブルーチンが行っています。このサブルーチンは何度も他からも引用するなど処理の重複を避けるというよりも、長くなる処理手順を分かりやすく表現するために利用しています。引数がないのはそのためです。

⑥ CommandButton4_Click（閉じるボタンがクリックされたとき）

```
Private Sub CommandButton4_Click()
    Unload Me
End Sub
```

⑦ ListBox2_Click（消耗品が確定したとき）

```
Private Sub ListBox2_Click()
    商品No = ListBox2.ListIndex + 2
    商品名 = ListBox2.Text
End Sub
```

(5) サブルーチン

①出庫処理

```
Private Sub 出庫()
    Dim 日付 As Date
    Dim 数量 As Integer
    Dim 行 As Integer
    Dim 発注行 As Integer
    ' エラーチェック
    日付 = Label4.Caption
    If 部署No < 2 Then
        MsgBox ("部署を指定してください。")
        Exit Sub
    End If
    If 商品No < 0 Then
        MsgBox ("商品を指定してください。")
```

```
        Exit Sub
    End If
    数量 = Val(TextBox1.Text)
    If 在庫.Cells(商品No, 2).Value < 数量 Then
        MsgBox ("在庫不足で出庫できません。")
        Exit Sub
    End If
```

出庫処理を行うにあたって、以下のエラーチェックをします。

- 部署は指定されているか
- 消耗品は指定されているか
- 出庫する数量よりも多くの在庫があるか

これらの条件が満たされない場合はエラーメッセージを出して処理を中断します。

```
    ' 出庫明細作成
    行 = 1
    Do Until 出庫明細.Cells(行, 1).Value = ""
        行 = 行 + 1
    Loop
    出庫明細.Cells(行, 1).Value = 日付
    出庫明細.Cells(行, 2).Value = 部署.Cells(部署No, 1).Value
    出庫明細.Cells(行, 3).Value = 在庫.Cells(商品No, 1).Value
    出庫明細.Cells(行, 4).Value = 数量
```

エラーが無ければ、入力されたデータを出庫明細シートに追加します。

```
    ' 在庫調整
    在庫.Cells(商品No, 2).Value = 在庫.Cells(商品No, 2).Value - 数量
    ' 消耗品クリア
    ListBox2.ListIndex = -1
    TextBox1.Text = ""
    ' 発注処理
    発注行 = 1
    Do Until 発注明細.Cells(発注行, 1).Value = ""
        発注行 = 発注行 + 1
    Loop
    行 = 2
```

```
        Do Until 在庫.Cells(行, 1).Value = ""
            If 在庫.Cells(行, 2).Value + 在庫.Cells(行, 5).Value _
                                            < 在庫.Cells(行, 3).Value Then
                発注明細.Cells(発注行, 1).Value = 日付
                発注明細.Cells(発注行, 2).Value = 在庫.Cells(行, 1).Value
                発注明細.Cells(発注行, 3).Value = 在庫.Cells(行, 4).Value
                発注行 = 発注行 + 1
                ' 発注残調整
                在庫.Cells(行, 5).Value = 在庫.Cells(行, 5).Value + 在庫.Cells(行, 4).Value
            End If
        行 = 行 + 1
        Loop
End Sub
```

　さらに、在庫数から出庫数量を減らした結果、発注残を加えた見込み在庫が発注点より少なけ
れば発注処理を行い、「出庫処理」を終了します。

②入庫処理

```
Private Sub 入庫()
    Dim 日付 As Date
    Dim 数量 As Integer
    Dim 行 As Integer
    Dim 発注行 As Integer
    Dim 商品 As String
    ' エラーチェック
    日付 = Label4.Caption
    If 部署名 <> "総務課" Then
        MsgBox ("入庫権限がありません。")
        Exit Sub
    End If
    If 商品No < 0 Then
        MsgBox ("商品を指定してください。")
        Exit Sub
    End If
    数量 = Val(TextBox1.Text)
    If 在庫.Cells(商品No, 5).Value < 数量 Then
        MsgBox ("発注数量より多いので受け入れられません。発注明細を確認してください。")
        Exit Sub
    End If
```

入庫処理を行うにあたって、以下のエラーチェックをします。

● 部署は総務課か

● 商品は指定されているか

● 入庫数は発注数よりも少ないか

これらの条件が満たされない場合はエラーメッセージを出して処理を中断します。

```
    ' 入庫明細作成
    行 = 1
    Do Until 入庫明細.Cells(行, 1).Value = ""
        行 = 行 + 1
    Loop
    入庫明細.Cells(行, 1).Value = 日付
    入庫明細.Cells(行, 2).Value = 部署.Cells(部署No, 1).Value
    入庫明細.Cells(行, 3).Value = 在庫.Cells(商品No, 1).Value
    入庫明細.Cells(行, 4).Value = 数量
    ' 在庫調整
    在庫.Cells(商品No, 2).Value = 在庫.Cells(商品No, 2).Value + 数量
    在庫.Cells(商品No, 5).Value = 在庫.Cells(商品No, 5).Value - 数量
    ' 入庫クリア
    ListBox2.ListIndex = -1
    TextBox1.Text = ""
End Sub
```

エラーが無ければ、入力されたデータを入庫明細シートに書き出し、

● 在庫数を入庫数だけ増やす

● 発注残を入庫数だけ減らす

在庫調整をして、「入庫処理」を終了します。

第8章

マクロを育てる

　本書を締めくくるに当たり、ある有名私立大学 3 年生の塚田君のマクロ活用術を見てみましょう。塚田君はアルバイトの勤務時間計算が思いのほか面倒でわずらわしく感じていたので、授業で学んだ VBA をアルバイトの勤務時間計算に活かしてみようとマクロ作りに挑戦しました。思いのほか良く出来たマクロで、期待以上に便利に利用していたのですが、同僚からも計算しておいてと頼まれたり、さらには勤務先の経理担当からも使わせてくれないかと依頼されてしいました。

　気持ちよく了承はしたものの、とうとう、塚田君の作ったマクロは塚田君の手から離れ、独り立ちすることになりました。その独り立ちにあわせ、多少、手を入れることにしました。これまでのマクロは個人的な利用で、ワークシートを対話のベースとしてきましたが、ワークシートをユーザーフォームに切り替えることによって

- キメ細かなコントロール
- キータッチの少ない効率的なデータ入力
- 誤りの少ない操作

を目指し、より利用者に優しいユーザーフレンドリーなインターフェイスに挑戦することにしました。

　その際、一番苦労したのは、ユーザーフォームの TextBox はあくまで Text (文字列) を取り扱うコントロールであり、ワークシートのセル（Variant 型）とは大きく異なるという点でした。

　まずはその奮闘ぶりを見てみましょう。それは最初から完成形を目指すのではなく、必要な機能を追加しながら、マクロを育てるプロセスでもあります。なお、塚田君やその仲間も実在しないフィクションで、取り扱うデータも実態を示唆するものではありません。

8.1 データ入力（勤務時間計算 Ver1）マクロ

　まず、「サンプル」フォルダにある Smp801 勤務時間 Ver1.xlsm を見てみましょう。マクロを有効にすると、以下のダイアログが表示されます。

8.1.1 勤務時間計算（Ver1）マクロの利用法

　このマクロは以下のステップによって、出勤データを入力します。

（1）メンバー選択

　まずリストボックス（メンバー一覧）の中から、メンバーを選択します。

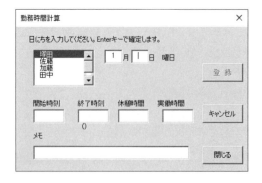

(2) 日にちの入力

つぎに、テキストボックスに日にちを入力し、［Enter］キーで確定するか、カーソルを「開始時刻」のテキストボックスに移します。なお、月はブックに組み込まれているので、入力する必要はありません。

(3) 勤務時間（開始時刻、終了時刻、休憩時間）の入力

勤務時間の入力には以下の3つのパターンがあります。

状態	テキストボックスに表示される内容	対応
新規	雇用契約上の出勤予定日であれば、雇用契約上の時間	変更があれば修正する
	雇用契約上の出勤予定日でなければ、空欄	時刻、時間を入力する
入力済	前回入力された時刻	修正があれば修正する

なお、各テキストボックスは時と分を「:」（コロン）で区切った時間データでなければなりません。

(4) 実働時間の計算

基本的には、開始時刻、終了時刻、休憩時間を順に入力（［Enter］キーで確定）すると、実働時間が計算されます。または、実働時間のテキストボックスにマウスポインタをドロップしても実働時間を計算することができます。

なお、終了時刻の方が小さい場合には「夜勤」として計算します。

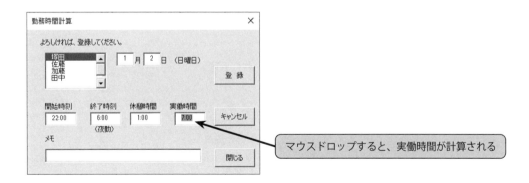

(5) 登録

以上の操作により、一日分のデータが入力できたら、「登録」ボタンをクリックすることで、データを指定メンバの勤務台帳シートに登録し、同じメンバーの別の日のデータ入力に移ります。

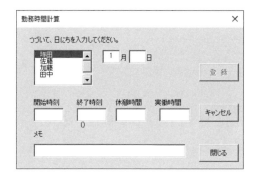

もちろん、他のメンバを選択することも可能です。

(6) キャンセル

「キャンセル」ボタンをクリックすると、入力途中のデータを破棄し初期状態に戻るので、メンバの選択からやり直すことができます。

(7) 閉じる

「閉じる」ボタンはユーザーフォームを閉じてマクロを終了します。ただし、ブックはメモリ上に残っています。

8.1.2 ブックの構成

このブックの構成をワークシートから見てみましょう。

(1) ワークシート

このブックには、以下の 2 種類のワークシートがあります。

①雇用契約シート

これは、このシステムが管理する全メンバーを記録した雇用契約シートで、各メンバーごとに、雇用契約の内容（出勤予定）を記録します。

②出勤台帳シート

これは勤務実績を記録した勤務台帳で、全メンバー（塚田、佐藤、加藤、田中）分を用意します。

(2) ThisWorkbook モジュール

このマクロも自動実行マクロとして勤務時間マクロを呼び出しています。

(3) 標準モジュール

　必ずしも必要ではありませんが、デバッグ中はマクロ一覧からも実行できるように、Module1 に「勤務時間」マクロが登録されています。

(4) フォーム

　フォームとしては UserForm1 が一つ登録されています。したがって、すべての処理をこのユーザーフォームで行います。

8.1.3 データ入力 (UserForm1)

ではそのユーザーフォームの詳細を見てみましょう。

(1) UserForm1 のオブジェクト

このユーザーフォームには以下のオブジェクトが利用されています。

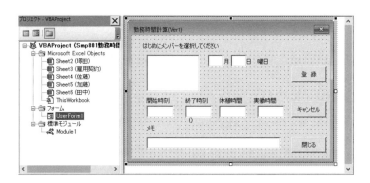

数が多いので、混乱を避けるため、オブジェクト名を以下のように変更しています。ここでは、プロシージャ側の変数名との重複を避けるため、オブジェクト名の先頭を「受付」としています。つまり、「受付」から始まる名前は UserForm1 のオブジェクトを示します。

種別	オブジェクト名	用途
ListBox	受付メンバ	メンバーリストの中から、対象者を選択する
TextBox	受付月	月の入力欄
TextBox	受付日	日の入力欄
Label	受付曜日	入力された曜日の表示欄
TextBox	受付開始	開始時刻の入力欄
TextBox	受付終了	終了時刻の入力欄
TextBox	受付休憩	休憩時間の入力欄
TextBox	受付実働	実働時間の表示欄
Label	受付区分	区分の表示欄
TextBox	受付メモ	メモの入力欄
CommandoButton	受付登録	登録用のコマンドボタン
CommandoButton	受付キャンセル	キャンセル用のコマンドボタン
CommandoButton	受付閉じる	ユーザーフォームを閉じるためのコマンドボタン

なお、日時を入出力する TextBox では、そのプロパティ・ウィンドウで「IMEMode」を

「fmIMEModeOff」と設定することで全角文字は入力できないようになっています。

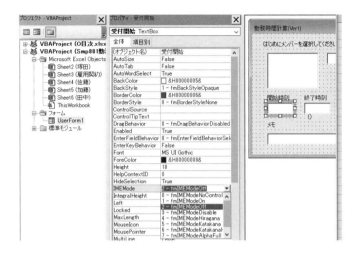

他に参照しない Label などは割り当てられたオブジェクト名のままとなっています。

(2) UserForm1 のコード

続いて、ユーザーフォームの命令コードについて見てみましょう。

①グローバル変数の定義

はじめはグローバル変数です。

```
Option Explicit
Dim 契約 As Object
Dim 台帳 As Object
Dim メンバ As Integer
Dim 日 As Integer
Dim 開始時刻 As Date
Dim 終了時刻 As Date
Dim 休憩時間 As Date
Dim 実働時間 As Date
Dim 勤務 As String
```

ここでは、以下を格納するために、契約と台帳という2つの Object 変数を利用します。

- 契約：常に雇用契約シート
- 台帳：選択されているメンバの勤務台帳

　また、開始時刻、終了時刻、休憩時間、実働時間などの時間を示す変数を Date という型で宣言しています。Dateというデータ型は、年月日を1900年1月1日からの積算日数として整数で表し、時刻を小数で表します。

整数部	小数部
1900 年 1 月 1 日からの積算日数	24 時間を 1 に対応させた小数で表す

　したがって、Date 型でなくても、Double 型でも表現することは可能です。

②ユーザーフォームの初期化プロシージャ

```
Private Sub UserForm_Initialize()
    Dim 範囲 As String
    Dim 行 As Integer

    Set 契約 = Worksheets("雇用契約")
    行 = 3
    While 契約.Cells(行, 1).Value <> ""
        行 = 行 + 1
    Wend
    範囲 = "B3:B" & (行 + 1)
    受付メンバ.List = 契約.Range(範囲).Value  ◀──   ListBox のリストにメンバー（塚田、佐藤、
    受付月.Text = 契約.Cells(2, 2).Value               加藤、田中……）を登録する。
    受付案内.Caption = "はじめに、メンバを選択してください。"
    受付登録.Enabled = False
End Sub
```

　ここでは、雇用契約シートの 2 列目に登録されているメンバ全員を受付メンバ（ListBox）のリストとして登録します。なお、この段階では、受付登録ボタンは実行できないようにしておきます。

③受付メンバ（ListBox）が変更（Change）されたときのプロシージャ

```
Private Sub 受付メンバ_Change()
    Dim 氏名 As String
    If 受付メンバ.ListIndex < 0 Then Exit Sub
    メンバ = 受付メンバ.ListIndex + 3
    On Error GoTo 未定義
    氏名 = 契約.Cells(メンバ, 2).Value
```

```
    Worksheets(氏名).Select
    Set 台帳 = Worksheets(氏名)          ←  指定されたメンバのワークシートを選択する。
    受付案内.Caption = "日にちを入力してください。Enterキーで確定します。"
    受付日.SetFocus
    Exit Sub
未定義:  ←                                指定されたメンバのワークシートが無ければエラーとする。
    MsgBox ("メンバの出勤台帳が正しく作られていません.システム管理者へ")
End Sub
```

指定されたメンバーのワークシートを台帳（Object 型）に代入するとともに、そのワークシートを Select メソッドによってアクティブにします。もし、そのワークシートが選択できない場合にはエラートラップにより、「メンバ台帳が正しく作られていません.システム管理者へ」というメッセージを表示して処理を終了します。

④受付日（TextBox）が確定（Exit）したときのプロシージャ

```
Private Sub 受付日_Exit(ByVal Cancel As MSForms.ReturnBoolean)

    Dim 通日 As Long
    Dim 年 As Integer
    Dim 月 As Integer
    Dim 曜日 As Integer

    受付登録.Enabled = False
    If 受付日.Text = "" Then Exit Sub
    If 受付メンバ.ListIndex < 0 Then
        MsgBox ("先に氏名を特定してください")
        受付日.Text = ""
        Exit Sub
    End If
```

まず、はじめに ListBox の ListIndex プロパティがマイナスでないことによって、メンバーが選択されていることを確認します。

```
    ' 日にちのチェック
    年 = Val(契約.Cells(1, 2).Value)
    月 = Val(契約.Cells(2, 2).Value)
    日 = Val(受付日.Text)
    通日 = DateSerial(年, 月, 日)
```

```
曜日 = Weekday(通日) * 3
If 台帳.Cells(日 + 2, 2).Value <> 契約.Cells(1, 曜日).Value Then
    MsgBox ("メンバの出勤台帳の曜日が誤っています。システム管理者へ")
    受付日.Text = ""
    受付日.SetFocus
    Exit Sub
End If
```

つづいて、入力された日から計算したシリアル値から WeekDay 関数で求めた曜日と、勤務台帳の 2 列目にある曜日が正しいことを確認します。ただし、WeekDay 関数の戻り値は 1 から 7 の数値なのでこれを 3 倍し、雇用契約シートの 1 行目にある曜日（漢字）を取り出すための列番号に変換しています。このように結合されたセルの列番号は結合する前の番号を保持します。いずれにしても雇用契約シートの 1 行目から取り出した曜日と、出勤台帳の該当する行の 2 列目の曜日が一致しなければなりません。もし、一致しなければ、「メンバの出勤台帳の曜日が誤っています。システム管理者へ」というメッセージを表示して処理を終了します。

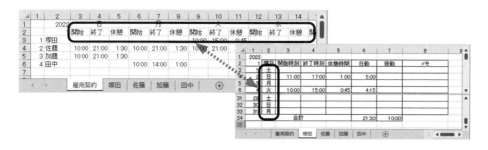

上記のエラーがなければ、3 つの時刻（TextBox）を次のように初期化します。

- 新規入力：雇用契約シートの雇用契約。したがって、出勤予定日ならばその予定、出勤予定のない日ならば Empty 値
- 既入力：勤務台帳に記録されている前回入力データ

```
'勤務時間（3つのテキストボックス）の初期化
受付曜日.Caption = " (" & 契約.Cells(1, 曜日).Value & "曜日) "
If 台帳.Cells(日 + 2, 3) = "" Then
    '新規入力
    受付開始.Text = Format(契約.Cells(メンバ, 曜日).Value, "h:mm")
    受付終了.Text = Format(契約.Cells(メンバ, 曜日 + 1).Value, "h:mm")
    受付休憩.Text = Format(契約.Cells(メンバ, 曜日 + 2).Value, "h:mm")
    受付実働.Text = ""
```

```
        If 受付開始.Text = "" Then
            受付案内.Caption = "3つの時刻を入力してください。最後にEnterキーで確定します。"
        Else
            受付案内.Caption = "修正が済んだら、実働時間にマウスドロップしてください。"
        End If
    Else
        '既入力
        受付開始.Text = Format(台帳.Cells(日 + 2, 3).Value, "h:mm")
        受付終了.Text = Format(台帳.Cells(日 + 2, 4).Value, "h:mm")
        受付休憩.Text = Format(台帳.Cells(日 + 2, 5).Value, "h:mm")
        受付実働.Text = ""
        受付メモ.Text = 台帳.Cells(日 + 2, 8)
        受付案内.Caption = "修正が済んだら、実働時間にマウスドロップしてください。"
    End If
End Sub
```

　なお、ワークシートのセルにあるのは、実数で表されている日時データで、これをこのままテキストボックスのTextとして表示すると意味不明な小数となってしまいます。

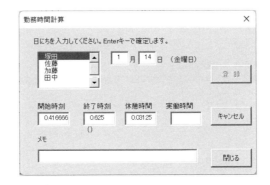

　そこで、Format関数を用いて、時間、時刻データを文字列に変換したTextとして表示します。また、これら時間を入力するTextBoxには半角だけで、全角文字を入力することはできません。

⑤受付日実働 (TextBox) がフォーカス（Enter）された時のプロシージャ

```
Private Sub 受付実働_Enter()
    受付実働.Text = ""
    If IsDate(受付開始.Text) = False Then
        Call MsgBox("時間はh：mmというように、：で区切ってください")
        受付開始.Text = ""
        受付開始.SetFocus
```

```
            Exit Sub
        End If
        If IsDate(受付終了.Text) = False Then
            Call MsgBox("時間はh：mmというように、：で区切ってください")
            受付終了.Text = ""
            受付終了.SetFocus
            Exit Sub
        End If
        If 受付休憩.Text <> "" And IsDate(受付休憩.Text) = False Then
            Call MsgBox("時間はh：mmというように、：で区切ってください")
            受付休憩.Text = ""
            受付休憩.SetFocus
            Exit Sub
        End If
        開始時刻 = TimeValue(受付開始.Text)
        終了時刻 = TimeValue(受付終了.Text)
        If 受付休憩.Text <> "" Then
            休憩時間 = TimeValue(受付休憩.Text)
        Else
            休憩時間 = 0
        End If
        If 終了時刻 < 開始時刻 Then
            終了時刻 = 終了時刻 + 1
            受付区分.Caption = "（夜勤）"
            勤務 = "夜勤"
        Else
            勤務 = "日勤"
        End If

        実働時間 = 終了時刻 - 開始時刻 - 休憩時間
        受付実働.Text = Format(実働時間, "h:mm")
        受付案内.Caption = "よろしければ、登録してください。"
        受付登録.Enabled = True
    End Sub
```

　ここでは３つのテキストボックスに正しく時間データが入力されていることを確認します。ただし、休憩時間だけは、Empty 値（休憩なし）でもエラーとしないように制御します。

　なお、ここで用いている TimeValue 関数とは文字列を時間データに変換する一種の型変換関数で、代入文による型変換を利用すれば必ずしも関数を引用する必要はありません。

```
時間データ = TimeValue(文字列)
```

　また実働時間の計算では、もし終了時刻 ＜ 開始時刻の場合には夜勤と判定し、終了時刻に 1
（24 時間）を加えて翌日の時刻としてから実働時間を計算します。

```
実働時間 = 終了時刻 - 開始時刻 - 休憩時間
```

　夜勤の場合でも正しく勤務時間が計算できるのは、終了時刻が翌日の終了時刻を示しているた
めです。

⑥受付登録（Commandbutton）がクリック（Click）された時のプロシージャ

```
Private Sub 受付登録_Click() '登録
    台帳.Cells(日 + 2, 3).Value = 受付開始.Text
    台帳.Cells(日 + 2, 4).Value = 受付終了.Text
    台帳.Cells(日 + 2, 5).Value = 受付休憩.Text
    If 勤務 = "日勤" Then
        台帳.Cells(日 + 2, 6).Value = 受付実働.Text
    Else
        台帳.Cells(日 + 2, 7).Value = 受付実働.Text
    End If
    台帳.Cells(日 + 2, 8).Value = 受付メモ.Text
    Call クリア
    受付案内.Caption = "つづいて、日にちを入力してください。"
End Sub
```

　ここではユーザーフォームにあるデータを、選択されているメンバの勤務台帳の処理日に対応
する行に書き込みます。
　さらに、「クリア」サブルーチンによって、テキストボックスなどをクリアし、次のデータ入力
を促します。ただし、メンバ選択は継続しています。

⑦キャンセル（Commandbutton）がクリック（Click）された時のプロシージャ

```
Private Sub 受付キャンセル_Click()
    Call クリア
    受付メンバ.ListIndex = -1
    受付案内.Caption = "はじめに、メンバを選択してください。"
End Sub
```

　このときは、テキストボックスなどのデータをクリアするばかりでなく、メンバ選択も初期化

8

し、読み込み直後の初期状態に戻します。

⑧閉じる（Commandbutton）がクリック（Click）された時のプロシージャ

```
Private Sub 受付閉じる_Click()
    Unload Me
End Sub
```

このユーザーフォームを閉じて、マクロを終了します。

⑨サブルーチン

```
Private Sub クリア()
    受付日.Text = ""
    受付開始.Text = ""
    受付終了.Text = ""
    受付休憩.Text = ""
    受付実働.Text = ""
    受付メモ.Text = ""
    受付曜日.Caption = ""
    受付区分.Caption = "()"
    受付メンバ.SetFocus
    受付登録.Enabled = False
End Sub
```

この内部サブルーチンは、データ登録、キャンセル時に呼び出され、ユーザーフォームを読み込まれた時の初期状態に戻します。ただし、リストボックスの選択には触れていませんので、選択されているメンバは継続されます。

8.2 月初処理（勤務時間計算 Ver2）マクロ

しばらく運用すると、利用者から、新しい月に移行する処理をマクロに組み込んでくれないかと相談されました。この月初処理とはメンバごとの出勤台帳を新たな月に合わせて初期化することです。作業自体は単純ですが、メンバ分のワークシートを処理しなければならず、メンバが増えるとそれなりに負担になるのも事実です。

　塚田君が自分で処理する場合でも新しい月に移行するたびに面倒でしたので、月初処理をマクロに追加することにしました。こうして出来たのが、「サンプル」フォルダにある Smp702 勤務時間 Ver2.xlsm で、実行すると以下のメニューが表示されます。

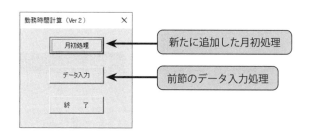

8.2.1 月初処理（勤務時間計算 Ver2）マクロの利用法

　自動実行マクロとして表示されるメニューで、「月初処理」ボタンをクリックすると、以下のダイアログが表示されます。

　ここで、年月を指定して、「作成」ボタンをクリックすると、登録されている全メンバーの出勤台帳を新しい年月用に初期化します。

　それは各出勤台帳について、

● 指定されたひと月分のカレンダーを曜日付きで設定する
● 雇用契約シートに記載されている出勤予定日の「曜日」欄を黄色で塗りつぶす

ことになります。

8.2.2 自動実行マクロ、実行用マクロ

前節からの変更点を中心に処理の詳細を見てみましょう。

まず、自動実行マクロ、および実行用のメインマクロを、UserForm1 から UserForm2 を表示するように変更しています。

ThisWorkbook
| ```
Option Explicit

Private Sub Workbook_Open()
    UserForm2.Show vbModeless
End Sub
``` |

標準モジュール
| ```
Option Explicit

Sub 勤務時間()
    UserForm2.Show Modeless
End Sub
``` |

8.2.3 メニュー（UserForm2）

このユーザーフォームは、処理を選択するために新たに追加したメニューです。

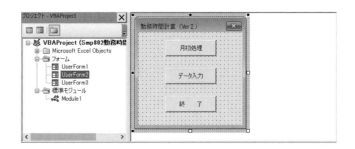

（1）UserForm2 のオブジェクト

このユーザーフォームでは、3つのコマンドボタンが利用されています。

なお、3つのコマンドボタンは、先の UserForm1 のコントロールと混同しないように、それぞれ「メニュー」から始めるオブジェクト名に変更しています。

コントロール	オブジェクト名
CommandButton	メニュー月初
CommandButton	メニュー入力
CommandButton	メニュー終了

(2) UserForm2 のコード

各コマンドボタンがクリックされた時の処理は下記の通りです。

オブジェクト名	対応するイベントプロシージャ
メニュー月初	```Private Sub メニュー月初 _Click() UserForm3.Show vbModeless End Sub```
メニュー入力	```Private Sub メニュー入力 _Click() UserForm1.Show vbModeless End Sub```
メニュー終了	```Private Sub メニュー終了 _Click() Unload Me End Sub```

8.2.4　月初処理（UserForm3）

(1) UserForm3 のオブジェクト

これは以下のような新しい月に移行するためのダイアログボックスです。

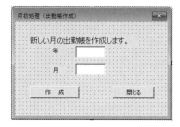

ここにはラベルを除いて、以下のコントロールがあり、それぞれ「受付」で始まるオブジェクト名に変更しています。

コントロール	オブジェクト名	用途
TextBox	受付年	初期化する出勤台帳の年
TextBox	受付月	初期化する出勤台帳の月
CommandButton	受付作成	新しい月の出勤台帳を作成
CommandButton	受付閉じる	終了

なお、UserForm1 でも「受付」から始まるオブジェクト名を使用していますが、以下のように、UserForm1 と UserForm3 はメモリ上で共存することはなく、したがって、重複することもないというわけです。

UserForm1	UserForm3
UserForm2	

(2) UserForm3 のコード

①グローバル変数

ここでは、以下のグローバル変数を用いていますが、プロシージャ間で共有するというよりは、各プロシージャで個別に宣言すべき変数を一括して宣言しているものがほとんどです。

```
Option Explicit

Dim 契約 As Object
Dim 台帳 As Object
Dim 行 As Integer
Dim 列 As Integer
Dim 年 As Integer
Dim 月 As Integer
Dim 日 As Integer
```

②ユーザーフォームの初期化処理

```
Private Sub UserForm_Initialize()
    Set 契約 = Worksheets("雇用契約")
    年 = 契約.Cells(1, 2).Value
    月 = 契約.Cells(2, 2).Value + 1
    If 12 < 月 Then
        年 = 年 + 1
        月 = 1
    End If
    受付年.Text = Str(年)
    受付月.Text = Str(月)
End Sub
```

　　ここでは、雇用契約シートにある現在年月から、翌月を TextBox（受付年、受付月）の初期値とします。ただし、翌月が 12 月から 1 月というように年をまたぐ場合には年も翌年に更新します。

③「作成」ボタンがクリックされた時

　　ここでは全メンバの勤務台帳を新しい月に更新します。

```
Private Sub 受付作成_Click()
    Dim メンバ As Integer
    Dim 名前 As String
    Dim 作業月 As Integer
    Dim 通し日 As Long
    Set 契約 = Worksheets("雇用契約")
    年 = Val(受付年.Text)
    契約.Cells(1, 2).Value = 年
    月 = Val(受付月.Text)
    契約.Cells(2, 2).Value = 月
```

　　まずはじめに、雇用契約シートの現在年月を更新します。全メンバの勤務台帳を更新するために、2 重の繰り返し構造となっています。

```
    ' 外側（全メンバ）ループ
    メンバ = 1
    名前 = 契約.Cells(メンバ + 2, 2).Value
    Do Until 名前 = ""
        Set 台帳 = Worksheets(名前)
        台帳.Select
        台帳.Range("A3:H34").ClearContents
        台帳.Cells(1, 1).Value = 年
        台帳.Cells(2, 1).Value = 月

        ' 内側（勤務台帳の更新）ループ
        メンバ = メンバ + 1
        名前 = 契約.Cells(メンバ + 2, 2).Value
    Loop                                         '外側ループの終端
    MsgBox (Str(メンバ - 1) & "人数分の出勤台帳を初期化しました。")
End Sub
```

　　外側は雇用契約シートの 2 列目に登録されているメンバが無くなるまで、繰り返します。

```
    ' 内側（勤務台帳の更新）ループ
    For 日 = 1 To 31
        通し日 = DateSerial(年, 月, 日)
        作業月 = Month(通し日)
        If 月 = 作業月 Then
            台帳.Cells(日 + 2, 1) = 日   '処理月中の対象日
            列 = Weekday(通し日) * 3
            台帳.Cells(日 + 2, 2).Value = 契約.Cells(1, 列).Value
            If 契約.Cells(メンバ + 2, 列).Value <> "" Then
                台帳.Cells(日 + 2, 2).Interior.Color = 65535
                                            '出勤予定日（黄色の塗りつぶし）
            Else
                台帳.Cells(日 + 2, 2).Interior.Pattern = xlNone
                                            '休日（塗りつぶしなし）
            End If
        Else
            台帳.Cells(日 + 2, 2).Interior.Pattern = xlNone
                                            '処理月の非対象日（塗りつぶしなし）
        End If
    Next 日   '内側ループの終端
    Range("A34").Value = "合計"
    Range("F34").FormulaR1C1 = "=SUM(R[-31]C:R[-1]C)"
    Range("F34").NumberFormatLocal = "[h]:mm"
    Range("G34").FormulaR1C1 = "=SUM(R[-31]C:R[-1]C)"
    Range("G34").NumberFormatLocal = "[h]:mm"
```

　また、内側の For 文による繰り返しは勤務台帳の一月分（1 〜 31 まで）の行についての繰り返しです。無条件に 31 回繰り返していますが、その月が何日まであるかは、DateSerial 関数で求めたシリアル値から Month 関数で取り出した月が処理中の月と一致している間で、一致しなければ空白行として繰り返します。

　また、その日が雇用契約上の出勤予定日の場合は、Interior.Color プロパティで 2 列目を黄色く塗りつぶし、出勤予定日でなければ、塗りつぶしなしとします。

　なお、繰り返しに入る前に、台帳 .Range("A3:H34").ClearContents によってクリアはしているのですが、ClearContents メソッドはセルの内容（値と計算式）を消去するだけで、罫線や塗りつぶしはそのまま残されているためです。

　また、勤務台帳の 2 列目の曜日（文字列）は、雇用契約シートの 1 行目から取り出しています。そのため、通し日から Weekday 関数で求めた曜日（1 〜 7）を 3 倍しています。

```
列 = Weekday(通し日) * 3
```

　これは、雇用契約シートの1行目のように連結されたセルを参照する場合でも、連結する前の列位置を指定するためです。

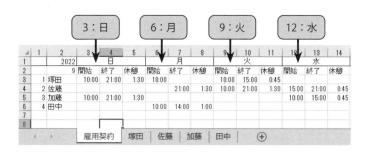

8.3 メンバーの追加、削除（勤務時間計算 Ver3）

　また、しばらく運用すると、新しい仲間が増えたり、辞めていくメンバーが出てきたりという異動に対応できないか相談されました。メンバーの削除はすぐにでも対応できそうですが、追加となると、

- 新たなワークシートの挿入
- 書式の設定
- 雇用契約の登録
- 出勤予定日の設定

などが必要となり、マクロに組み込むにしても、それなりの難工事ではありそうですが、手作業でも面倒なので、マクロに組み込むことにしました。

8.3.1 メンバーの追加、削除（勤務時間計算 Ver3）マクロの使い方

　そこで完成させたマクロが、「サンプル」フォルダにある Smp703 勤務時間 Ver3.xlsm です。読み込むと以下のメニュー表示されます。

これまでのメニューに、メンバー追加、メンバー削除が追加されています。

(1) メンバーの追加処理

では、初めに「メンバー追加」について見てみましょう。「メンバー追加」ボタンを選択すると、以下のダイアログが表示されます。

なお、メンバーの登録処理は３つのステップを連続して実行する必要があり、途中で中断すると初めからやり直さなければならなったり、不要なごみが残ったり、面倒なことになりかねません。

①メンバー登録

はじめに、テキストボックスに追加するメンバー名を入力し、「(1) メンバー登録」ボタンをクリックします。

②雇用契約内容の入力

つづいて、「（2.0）雇用契約の入力」ボタンをクリックします。

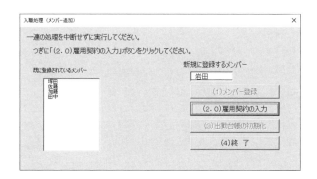

このユーザーフォームはモードレス・モードなので、「雇用契約」シートの追加メンバー行に雇用契約の内容を登録します。

すると、「（2.0）雇用契約の入力」ボタンの Caption が「（2.1）雇用契約の入力終了」に書き換えられているので、このボタンをクリックします。

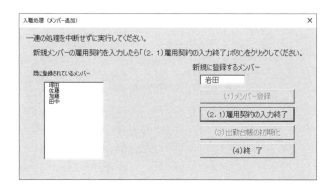

③出勤台帳の初期化

最後に、「（3）出勤台帳の初期化」ボタンをクリックします。

すると、追加したメンバーの雇用契約に基づいた出勤台帳が編集されます。

④新メンバー追加処理の終了

最後に、「(4) 終了」ボタンをクリックして一連の処理を完遂します。

(2) メンバー削除

リストボックスのメンバー一覧から退職するメンバーを選択し、「削除」ボタンをクリックします。

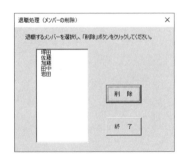

すると、実際に削除してもいいか確認メッセージボックスが表示されます。

確認ダイアログで、「OK」ボタンをクリックすると、

● 雇用契約シートの当該メンバー行を削除
● 当該メンバーの勤務台帳のシート削除

を行います。

8.3.2　UserForm2（メニュー）の変更点

旧バージョンのメニュー　　　　　　　新バージョンのメニュー

これまでのメニューに、メンバー追加とメンバー削除の2つのボタンが追加されています。

8.3.3 メンバーの追加（UserForm4）マクロの処理内容

新たに追加された UserForm4 から見てみましょう。

（1）UserForm4 のオブジェクト

ここにはラベルを除いて、以下のオブジェクトが利用されています。ここでも「受付」から始まるオブジェクト名に変更しています。

種類	オブジェクト名
ListBox	受付メンバ
TextBox	受付氏名
CommandButton	受付登録
CommandButton	受付雇用契約
CommandButton	受付初期化
CommandButton	受付終了

なお、コマンドボタンを要件によって無効から有効に切り換えることによって、一連の処理をコントロールします。

（2）UserForm4 のコード

①グローバル変数

```
Option Explicit

Dim 契約 As Object
```

```
Dim 台帳 As Object
Dim 名前 As String
Dim 行 As Integer
Dim 列 As Integer
Dim 追加 As Integer
```

これもプロシージャ間でデータを共有するというよりも、個別に定義しなければならないローカル変数をまとめて定義しています。

②ユーザーフォームの初期化

```
Private Sub UserForm_Initialize()
    Set 契約 = Worksheets("雇用契約")
    行 = 3
    Do Until 契約.Cells(行, 2).Value = ""
        行 = 行 + 1
    Loop
    受付メンバ.List = 契約.Range("B3:B" & (行 - 1)).Value
    受付案内 = "はじめに登録するメンバーの氏名を入力してください。"
    受付登録.Enabled = False
    受付雇用契約.Enabled = False
    受付初期化 = False
End Sub
```

すでに登録されているメンバーをListBoxのリストとして表示します。ここから選択するわけではないのでListBoxである必要はないのですが、メンバーの一覧を表示するにはListBoxが便利です。

なお、追加するメンバーの氏名が入力されるまでは、「メンバー登録」ボタンは無効となっています。

③受付氏名（TextBox）が変更 (Change) された時

```
Private Sub 受付氏名_Change()
    受付案内 = "つぎに「（1）メンバー登録」ボタンをクリックしてください。"
    受付登録.Enabled = True
    受付登録.SetFocus
End Sub
```

353

　ここでは Exit イベントではなく、Change イベントなので、文字が変更されるたびに実行されますが、特に何回実行されても支障はありません。「メンバー登録」ボタンを有効とし、SetFocus メソッドによって「メンバー登録」ボタンを選択状態とするだけです。

④受付登録（CommandButton）ボタンが Click された時

```
Private Sub 受付登録_Click()

    If 受付氏名.Text <> "" Then
        Worksheets("雇用契約").Select
        名前 = 受付氏名.Text
        行 = 3
        Do Until 契約.Cells(行, 2).Value = ""
            If 契約.Cells(行, 2).Value = 名前 Then
                MsgBox (受付氏名.Text & "さんは既に登録されています。")
                受付氏名.Text = ""
                Exit Sub
            End If
        行 = 行 + 1
        Loop
        追加 = 行
        契約.Cells(追加, 1).Value = 行
        契約.Cells(追加, 2).Value = 名前
```

　はじめに、追加するメンバーの名前が

● TextBox に入力されていること
● すでに登録されているメンバーと重複しないこと

を確認し、雇用契約シートの終端行の次に、追加するメンバーの名前を登録します。

```
        Sheets.Add(After:=Sheets(Sheets.Count)).Name = 名前
        Worksheets(名前).Select
```

　さらに、**Add** メソッドによって、ワークシートを追加します。そのオブジェクトは Sheets となっています。今でもたくさんあるシートコレクションに新たに加えるイメージですね。そのシート名は新規に追加するメンバー名、場所は、末尾です。

```
Columns("A:B").ColumnWidth = 5
Columns("C:G").ColumnWidth = 8
Columns("H:H").ColumnWidth = 12
```

追加したシートの列幅を **Column.Width** プロパティによって、他に準じて調整します。

```
Sheets(Sheets.Count - 1).Select
Range("A1:J35").Select
Selection.Copy
Sheets(Sheets.Count).Select
Range("A1").Select
ActiveSheet.Paste
```

　直前のシート（例では田中さん）の勤務台帳（A1:J35）を Copy メソッドによりコピーし、最終シート（新たに追加したメンバー）の勤務台帳として Paste メソッドによってペーストします。
　もちろん、これまでのように直接指定の Copy メソッドでも複写することはできます。

```
Sheets(Sheets.Count - 1).Range("A1:J35").Copy Destination:= _
                                  Sheets(Sheets.Count).Range("A1")
```

　ここでは、かえって煩雑になってしまうので、Selection（選択範囲）を経由した間接複写にしたというわけです。

```
Worksheets(名前).Select
受付案内 = "つぎに「（2. 0）雇用契約の入力」ボタンをクリックしてください。"
受付登録.Enabled = False
受付雇用契約.Enabled = True
受付雇用契約.SetFocus
```

```
        Else
            MsgBox ("氏名が受付力されていません。")
        End If

    End Sub
```

後続するステップ「雇用契約の入力」ボタンを有効にして処理を終了します。

⑤受付雇用契約（CommandButton）ボタンが Click された時

```
Private Sub 受付雇用契約_Click()
    Worksheets("雇用契約").Select
    If 受付雇用契約.Caption = " (2. 0) 雇用契約の入力" Then
        受付案内 = "新規メンバーの雇用契約を入力したら「 (2. 1) 雇用契約の入力終了」ボ
タンをクリックしてください。"
        受付登録.Enabled = False
        Cells(追加, 3).Select
        受付雇用契約.Caption = " (2. 1) 雇用契約の入力終了"
    Else
        受付案内 = "最後に「 (3) 出勤台帳の初期化」ボタンをクリックしてください。"
        受付雇用契約.Enabled = False
        受付初期化.Enabled = True
        受付初期化.SetFocus
    End If
End Sub
```

ややトリッキーではありますが、このコマンドボタンは 2 度クリックされます。

1 度目は、雇用契約シートに追加された新規メンバーの雇用契約を入力するよう誘導するためです。このユーザーフォームはモードレス・モードなので、雇用契約シートに新たに追加されたメンバーの雇用契約を追加するために、雇用契約シートをアクティブにします。

このとき、コマンドボタンの Caption を「(2. 0) 雇用契約の入力」から「(2. 1) 雇用契約の入力終了」に変えておきます。

2 度目はその Caption が「(2. 1) 雇用契約の入力終了」に書き換えられている場合で、次のステップへの移行を誘導します。

⑥受付初期化（CommandButton）ボタンが Click された時

これは、月初処理で全員分の出勤台帳を初期化した処理を新たに追加されたメンバーの出勤台帳に対して行います。

```
Private Sub 受付初期化_Click()

    Dim 年 As Integer
    Dim 月 As Integer
    Dim 日 As Integer
    Dim 通し日 As Long
    Dim 作業月 As Integer

    Set 契約 = Worksheets("雇用契約")
    ' 名前 = 受付氏名.Text
    Set 台帳 = Worksheets(名前)
    年 = 契約.Cells(1, 2).Value
    月 = 契約.Cells(2, 2).Value
    ' 帳簿作成
    For 日 = 1 To 31
        通し日 = DateSerial(年, 月, 日)
        作業月 = Month(通し日)
        If 月 = 作業月 Then
            台帳.Cells(日 + 2, 1) = 日
            列 = Weekday(通し日) * 3
            台帳.Cells(日 + 2, 2).Value = 契約.Cells(1, 列).Value
            If 契約.Cells(追加, 列).Value <> "" Then
                台帳.Cells(日 + 2, 2).Interior.Color = 65535
            Else
                台帳.Cells(日 + 2, 2).Interior.Pattern = xlNone
            End If
        Else
            台帳.Cells(日 + 2, 2).Interior.Pattern = xlNone
        End If
    Next 日
    台帳.Range("A34").Value = "合計"
    台帳.Range("F34").FormulaR1C1 = "=SUM(R[-31]C:R[-1]C)"
    台帳.Range("F34").NumberFormatLocal = "[h]:mm"
    台帳.Range("G34").FormulaR1C1 = "=SUM(R[-31]C:R[-1]C)"
    台帳.Range("G34").NumberFormatLocal = "[h]:mm"
    MsgBox (名前 & "さんの登録が完了しました。")
    受付氏名.Text = ""
    受付案内 = "1) 次に登録するメンバーの氏名を受付力してください。"
    受付登録.Enabled = False
    受付雇用契約.Enabled = False
    受付初期化.Enabled = False
End Sub
```

8

　以上で、メンバー追加の一連の処理は終了です。初期状態、すなわち、次に追加するメンバーの入力待ちに戻ります。

⑦受付終了（CommandButton）ボタンが Click された時

```
Private Sub 受付終了_Click()
    Unload Me
End Sub
```

　メンバー追加のユーザーフォームを閉じて終了します。

8.3.4 メンバーの削除（UserForm5）

（1）UserForm5 のオブジェクト

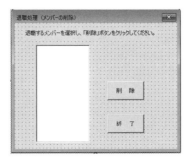

　ここにはラベルを除いて、以下のオブジェクトを使用します。

種類	オブジェクト名	
ListBox	受付メンバ	削除するメンバーを指定する
CommandButton	受付削除	
CommandButton	受付終了	

（2）UserForm5 のコード

①グローバル変数

```
Option Explicit
Dim 契約 As Object
```

```
Dim 行 As Integer
Dim 範囲 As String
Dim 名前 As String
```

　これもモジュール間でデータを受け渡すというよりは、個別に宣言するローカル変数をまとめているもので、グローバル変数でなければならいという変数ではありません。

②ユーザーフォームの初期化プロシージャ

```
Private Sub UserForm_Initialize()
    Set 契約 = Worksheets("雇用契約")
    行 = 3
    Do Until 契約.Cells(行, 2).Value = ""
        行 = 行 + 1
    Loop
    範囲 = "B3:B" & (行 - 1)
    受付メンバ.List = 契約.Range(範囲).Value
End Sub
```

　ここでは、受付メンバ（ListBox）の List プロパティに、現在、雇用契約シートに登録されている全メンバの名前を設定します。

③削除ボタンがクリックされた時

```
Private Sub 受付削除_Click()
    Dim 応答 As Integer
    If 0 <= 受付メンバ.ListIndex Then
        行 = 受付メンバ.ListIndex + 3
        名前 = 受付メンバ.Text
        応答 = MsgBox(名前 & "さんを削除してもいいですか？", vbOKCancel)
        If 応答 = vbOK Then
            契約.Rows(行).Delete Shift:=xlUp
            Sheets(名前).Select
            Application.DisplayAlerts = False
            ActiveWindow.SelectedSheets.Delete
            Application.DisplayAlerts = True
            UserForm_Initialize
        End If
    Else
        MsgBox ("退職者が選択されていません。")
```

```
        End If
        受付メンバ.ListIndex = -1
End Sub
```

削除ボタンがクリックされた時、まず行うべきは、削除すべきメンバが

● 指定されていること
● 実際に削除してもよいこと

を確認し、以下を行います。

● 雇用契約シートの当該メンバの 1 行を削除し、以降の行を上方向につめる
● 当該メンバの出勤台帳シートを **Delete** メソッドによってシートごと削除する

なお、**DisplayAlerts** プロパティは実際に実行してもよいか確認する必要性を示します。つまり、

```
Application.DisplayAlerts = False
```

によって、そうした確認なしにシートを削除してしまいます。

④終了ボタンがクリックされた時

```
Private Sub 受付終了_Click()
        Unload Me
End Sub
```

UserForm5 を閉じて、メインメニューに戻ります。

8.4　ブック管理（勤務時間計算 Ver4）マクロ

　月初処理によって、新たな月へ移行することはできるようになりましたが、それまでのブック
を前月分の実績として残すために、月初処理と、新たな月用に名前を変更するために名前を付け
て保存するタイミングがわずらわしく、

● 新しい月と古い月のブックを差し違えてしまった、

● ブックの名前を変えて保存するタイミングを間違えて、データを無くしてしまった、

といった事故にも見舞われ、マクロでブックの管理も自動化することにしました。

8.4.1　ブック管理（勤務時間計算 Ver4）マクロの利用法

「サンプル」フォルダにある Smp704 勤務時間 Ver4.xlsm がそのマクロで、読み込んだ時に表示されるメニューに変わりはありません。

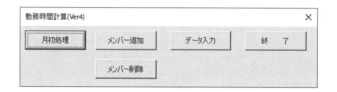

ただし、このブックには、以下の3つのユーザーフォームが追加されています。

UserForm6	当月を閉めるにあたって、当月ブックを上書き保存する。
UserForm7	翌月に移行するにあたり、翌月用の新たな名前を付けて保存
UserForm8	内容が変更されている場合の上書き保存

いずれもブックの保存に関するプロシージャで、メニューからユーザーが呼び出すのではなく、必要なタイミングで自動的に実行されます。

8.4.2　当月ファイルの上書き保存（UserForm6）

このユーザーフォームは、メニュー（UserForm2）の「月初処理」ボタンがクリックされると呼び出され、処理を終えると、UserForm3 を呼び出します。つまり、これまでの UserForm2 と UserForm3 の間に挿入されているわけです。

(1) UserForm6 のオブジェクト

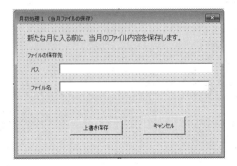

ここでは、ラベルを除いて、以下のコントロールが利用されています。

種類	オブジェクト名	用途
CommandButton	受付保存	
CommandButton	受付キャンセル	
TextBox	受付パス名	現在のマクロが置かれているフォルダ
TextBox	受付ファイル名	当月ファイルのファイル名。TextBox なので変更することは可能ですが、設定されているファイル名で保存することを前提としています。

(2) UserForm6 のコード

①ユーザーフォームの初期化

```
Private Sub UserForm_Initialize()
    Dim 契約 As Object
    Dim 年 As String
    Dim 月 As String

    Set 契約 = Worksheets("雇用契約")
    年 = 契約.Cells(1, 2).Value
    月 = Right("0" &契約.Cells(2, 2).Value, 2)
    受付パス名.Text = ThisWorkbook.Path & "¥"
    受付ファイル名.Text = "勤務時間" & 年 & "-" & 月 & ".xlsm"
End Sub
```

　ここでは、ThisWorkbook オブジェクトの Path プロパティによって、現在のカレントパス（たとえば "D¥VBA¥ サンプル¥"）を文字列として取り出します。

　なお、

```
月 = Right("0" & 参照.Cells(2, 2).Value, 2)
```

によって以下のように、何月であっても、2ケタの文字列として取り出します。

参照 .Cells(2, 2).Value	"0" & 参照 .Cells(2, 2).Value	Right("0" & 参照 .Cells(2, 2).Value, 2)
9	"09"	"09"
12	"012"	"12"

　またファイル名を以下から編集します。

```
受付ファイル名.Text = "Smp704勤務時間" & 年 & "-" & 月 & ".xlsm"
```

　したがって、当該ブックのパスとファイル名は以下のようになります。

②受付保存ボタンがクリックされたとき

```
Private Sub 受付保存_Click()
    ActiveWorkbook.Save
    UserForm3.Show vbModeless
    Unload Me
End Sub
```

ただし、ここでは **Save** メソッドによって上書き保存をするので、上記のテキストボックスで表示されるパスやファイル名はあくまで参考で、書き換えても名前を付けて保存することにはなりません。UserForm3 を表示して、UserForm6 を閉じます。

③キャンセルボタンがクリックされた時

```
Private Sub 受付キャンセル_Click()
    UserForm3.Show vbModeless
    Unload Me
End Sub
```

上書き保存が必要無ければ、何もせずに UserForm3 を表示して、UserForm6 を閉じます。

8.4.3 翌月ファイルの新規保存（UserForm7）

このユーザーフォームは、UserForm3（月初処理）で出勤台帳を新たに初期化した後で、実行され、新たな月用のブックとして名前を付けて保存します。このタイミングで、新しい月用のブックとして保存するわけです。

（1）UserForm7 のオブジェクト

UserForm6 とほとんど同じですが、ラベルを除いて、以下のコントロールが利用されています。

種類	オブジェクト名	用途
CommandButton	受付保存	
CommandButton	受付キャンセル	
TextBox	受付パス名	現在のマクロが置かれているフォルダ
TextBox	受付ファイル名	当月ファイルのファイル名。TextBox なので変更することは可能ですが、設定されているファイル名で保存することを前提としています。

ここでは、既存ファイルの上書きではなく、新たに名前を付けて保存します。つまり指定パス内に同じ名前のブックが存在しないことが前提です。

(2) UserForm7 のイベントプロシージャ

①ユーザーフォームの初期化

```
Private Sub UserForm_Initialize()
    Dim 参照 As Object
    Dim 年 As String
    Dim 月 As String
    Set 参照 = Worksheets("雇用契約")
    年 = Mid(Str(参照.Cells(1, 2)), 2)
    月 = Right("0" & Mid(Str(参照.Cells(2, 2)), 2), 2)

    受付パス名.Text = ThisWorkbook.Path & "¥"
    受付ファイル名.Text = "勤務時間" & 年 & "-" & 月 & ".xlsm"
End Sub
```

　2つのテキストボックスに、ファイルのパス名とファイル名を設定します。その方法は
UserForm6 と同じですが、ここで設定されるファイル名は新たな翌月です。

②新規保存ボタンがクリックされたとき

```
Private Sub 受付保存_Click()
    ActiveWorkbook.SaveAs Filename:=受付パス名.Text & 受付ファイル名.Text _
        , FileFormat:=xlOpenXMLWorkbookMacroEnabled, CreateBackup:=False
    Unload Me
End Sub
```

　ここでは Save メソッドではなく、SaveAS メソッドによって、新たな Filename を指定しています。
なお、FileFormat の xlOpenXMLWorkbookMacroEnabled はマクロ有効ブックとして保存することを

示しています。

③キャンセルボタンがクリックされた時

```
Private Sub 受付キャンセル_Click()
    Unload Me
End Sub
```

無条件に UserForm7 を閉じて、メニュー（UserForm2）に戻ります。

8.4.4 ファイルの変更保存（UserForm8）

このユーザーフォームは、UserForm2（メニュー）で終了ボタンがクリックされた時に呼び出され、ファイルの変更を上書きします。Excel でも同様の管理がされていますが、Excel 終了時ではなく、マクロ終了時に行うというわけです。

(1) UserForm8 のオブジェクト

処理手順としては UserForm6 の上書き保存と同じです。

(2) UserForm8 のイベントプロシージャ

①ユーザーフォームの初期化

```
Private Sub UserForm_Initialize()

    Dim 参照 As Object
    Dim 年 As String
    Dim 月 As String
    Set 参照 = Worksheets("雇用契約")
```

```
        年 = Mid(Str(参照.Cells(1, 2)), 2)
        月 = Right("0" & 参照.Cells(2, 2), 2)
        受付パス名.Text = ThisWorkbook.Path & "\"
        受付ファイル名.Text = "勤務時間" & 年 & "-" & 月 & ".xlsm"
        If ThisWorkbook.Saved = True Then
            受付案内.Caption = "このブックは変更されていませんので保存する必要はありません。"
        Else
            受付案内.Caption = "このブックは変更されています。"
        End If
End Sub
```

　UserForm6 または UserForm7 と同じようにパス名とファイル名を 2 つの TextBox に設定しています。ただし、ここでは Workbook オブジェクトの **Saved** プロパティを参照し、

● ファイルの内容は変更されていないので保存する必要はない

● ファイルの内容は変更されているので保存する必要がある

のどちらか一方を案内しています。

②保存ボタンがクリックされた時

```
Private Sub 受付保存_Click()
    ActiveWorkbook.Save
    Unload Me
    Application.Quit
End Sub
```

　当該ファイルを上書き保存し、UserForm8 を閉じて Application オブジェクトの Quit メソッドによって Excel を終了します。

③キャンセルボタンがクリックされた時

```
Private Sub 受付終了_Click()
    Application.Quit
End Sub
```

　何もせずに、Excel を終了します。

付 録 ■ 実行時エラー一覧

実行時に検出される代表的なエラーとその具体例を索引としてまとめた一覧です。なお、この付録の例題マクロは、「実行時エラー」フォルダに収録されています。

エラー番号5：プロシージャの呼び出しまたは引数が不正です

```
Mid("ABCD",0)
```

原因：Mid 関数の第2引数は1以上

```
Left("ABCD",-1)
```

原因：Left 関数の第2引数は0以上

エラー番号6：オーバーフローしました

```
Dim 整数 Integer
整数 = 32768
```

原因：Integer 型の上限 32767 を超えている

➡本文 4.2.5 節（p.129）、4.4.8 節（p.147）参照

エラー番号9：インデックスが有効範囲にありません

```
Worksheets("Sheet4").Select
```

原因：存在しない Sheet4 を選択した

➡本文 6.4.5 節（p.238）参照

エラー番号 11：0 で除算しました

```
商 = 被除数 / 0
```

原因：割り算の分母がゼロだった

➡本文 2.2.1 節（p.45）参照

エラー番号 13：型が一致しません

```
Dim 整数 Integer
整数 = "VBA"
```

原因：文字列 "ABC" は Integer 型に変換できない

➡本文 1.5.2 節（p.27）、4.3.4 節（p.134）、4.4.8 節（p.147）、6.2.4 節（p.217）参照

エラー番号 91：オブジェクト変数または With ブロック変数が設定されていません

```
Dim オブジェ As Object
オブジェ = Worksheets("Sheet2")
オブジェ.Cells(1, 1).Value = 10
```

原因：オブジェクトは Set 命令で代入しなければならない

```
Dim オブジェ As Object
With オブジェ
  .Cells(1, 1).Value = 10
End With
```

原因：オブジェ（With ブロック変数）には何も設定されていない

➡本文 4.2.5 節（p.129）参照

■ エラー番号 424：オブジェクトが必要です

```
Dim オブジェ As Variant
' オブジェ = Worksheets("Sheet2")
オブジェ.Cells(1, 1).Value = 10
```

　原因：Variant 型または宣言せずに使用する変数にオブジェクトを設定せずに参照した。なお、変数のデータ型が Object 型の場合には前出のエラー 91 となる。

➡本文 2.7.4 節（p.81）参照

■ エラー番号 438：オブジェクトはこのプロパティまたはメソッドをサポートしていません

```
Cells(1, 1).Vajue = 10
```

　原因：Vajue は Range オブジェクトのプロパティでもメソッドでもない

```
Worksheets("Sheet2").Seiect
```

　原因：Seiect は Range オブジェクトのメソッドでもプロパティでもない

```
Dim オブジェ As Variant
オブジェ = Worksheets("Sheet2")
オブジェ.Cells(1, 1).Value = 10
```

　原因：宣言せずに使用する変数（Variant 型）にオブジェクト（ワークシート）を代入することはできない。

➡本文 2.7.4 節（p.81）参照

エラー番号 1004

メソッドの実行に失敗したエラーですが、その原因に応じて表示されるメッセージが変更されます。

'Range' メソッドが失敗しました。

```
Range("A0:C2").Select
```

原因：指定したセル範囲が適切でない

➡本文 7.5.2 節（p.289）参照

この名前は既に使用されています。

```
Sheets.Add.Name = "Sheet1"
```

原因：既に存在するシート名でシートを追加した

Range クラスの Select メソッドが失敗しました。

```
Worksheets("Sheet2").Select
Worksheets("Sheet1").Range("A1:C4").Select
```

原因：アクティブシートではないシートのセル範囲を選択した

この操作は接合したセルには行えません。

```
Range("B2:C3").Copy Destination:=Range("E2")
```

原因：複写元と先のセル結合が一致していない

索 引

■ 著者プロフィール

岩田 安雄（いわた・やすお）

1969 年産業能率短期大学（現在産業能率大学）EDP 研究所に入職、社会人部門を経て、1997 年より学生教育に従事、情報マネジメント学部教授を 2016 年定年退職。

著書

CAI への挑戦（共）1985 年 4 月、（学）産業能率大学

CAI ハンドブック（共）1988 年 12 月、フジテクノシステム

CASL プログラミング基本（単）1991 年　　　3 月、（学）産能大学

CASL プログラミング演習（単）1991 年　　　3 月、（学）産能大学

流れ図問題の解法（単）1992 年　　　3 月、（学）産能大学

Visual Basic DOS（単）1993 年　　　2 月、（株）カットシステム

C プログラミング（単）1994 年　　　4 月、（学）産能大学

パソコンを使った CASL/COMET 入門講座（監修）、　　　1998 年 10 月、（株）カットシステム

繰り返しよサヨウナラ（単）、1999 年 6 月、（株）カットシステム

基礎からわかる COMET Ⅱ、CASL Ⅱ（単）、2001 年 5 月、　　　（株）カットシステム

パソコンを使った COMET Ⅱ／ CASL Ⅱ入門講座（共）2001 年 11 月、（株）カットシステム

SE/CTO/ 経営者のための戦略的 IT 経営（共）2003 年 4 月、（株）カットシステム

ケースで学ぶ IT コーディネータプロセス（共）2007 年 1 月、産業能率大学出版部

ビジネスゲームで鍛える経営力（共）2012 年 12 月、（株）カットシステム

Excel を使ったアンケート調査（共）2016 年 12 月、（株）カットシステム

情報演習 31 ステップ 30ExcelVBA ワークブック（共）2017 年 2 月、（株）カットシステム

ExcelVBA 繰り返しよサヨウナラ（共）、2017 年 10 月、（株）カットシステム

ビジネスゲームで鍛える経営力第 2 版（共）2020 年 12 月、（株）カットシステム

エラーに学ぶ Excel VBA 基本と応用

2022 年 11 月 20 日　　初版第 1 刷発行

著　者	岩田 安雄
発行人	石塚 勝敏
発　行	株式会社 カットシステム
	〒 169-0073　東京都新宿区百人町 4-9-7　新宿ユーエストビル 8F
	TEL （03）5348-3850　　FAX （03）5348-3851
	URL　https://www.cutt.co.jp/
	振替　00130-6-17174
印　刷	三美印刷 株式会社

本書に関するご意見、ご質問は小社出版部宛まで文書か、sales@cutt.co.jp 宛に e-mail でお送りください。電話によるお問い合わせはご遠慮ください。また、本書の内容を超えるご質問にはお答えできませんので、あらかじめご了承ください。

Cover design　Y.Yamaguchi　　© 2022 岩田安雄
Printed in Japan　ISBN978-4-87783-536-1